BDP
BRANDING DE PERTO

GALILEU NOGUEIRA

BP
BRANDING DE PERTO

UM GUIA PRÁTICO PARA CONSTRUIR E GERENCIAR SUA MARCA

Planeta ESTRATÉGIA

Copyright © Galileu Nogueira, 2024
Copyright © Editora Planeta do Brasil, 2024
Todos os direitos reservados.

Preparação: Wélida Muniz
Revisão: Marianna Muzzi
Projeto gráfico e capa: Daniel Justi
Diagramação: Anna Yue e Francisco Lavorini

Dados Internacionais de Catalogação na Publicação (CIP)
Angélica Ilacqua CRB-8/7057

Nogueira, Galileu
  Branding de perto / Galileu Nogueira. - São Paulo : Planeta do Brasil, 2024.
    288 p.

  ISBN 978-85-422-2785-7

  1. Marketing 2. Branding (Marketing) 3. Marca de produtos I. Título

24-3289   CDD 658.8

Índice para catálogo sistemático:
1. Marketing

Ao escolher este livro, você está apoiando o manejo responsável das florestas do mundo

2024
Todos os direitos desta edição reservados à
EDITORA PLANETA DO BRASIL LTDA.
Rua Bela Cintra, 986, 4º andar – Consolação
São Paulo – SP – CEP 01415-002
www.planetadelivros.com.br
faleconosco@editoraplaneta.com.br

*Dedico este livro aos **cidadãos da Galileia** que, pela generosidade de deixar um like, um comentário ou compartilhar algum conteúdo meu, transformaram minha carreira e minha vida em um sonho que nem eu mesmo sabia que era possível.*

Prefácio
9

Introdução: quem sou eu e por que fiz este guia prático
15

1
Modo de usar: como extrair o melhor deste guia
27

2
O que não esperar deste guia
39

3
Autoavaliação: quanto você já sabe sobre construção de marca?
45

4
Os desafios de construir uma marca relevante e encantadora
51

5
Por que fazer branding desde o começo da marca?
61

6
Branding não é o que te ensinaram
75

7 Os estágios de uma marca — 83

8 Entendendo a metodologia de construção de marca — 97

9 O primeiro passo: ter um negócio estruturado — 101

10 O segundo passo: ter um excelente produto — 119

11 O terceiro passo: entender o mercado — 131

12 O quarto passo: construir sua plataforma de marca — 161

13 O quinto passo: lançar no mercado — 241

14 O sexto passo: a manutenção da marca — 265

15 O seu compromisso comigo a partir de hoje — 277

PREFÁCIO

Bem-vindos à Galileia! Se você ainda não é um cidadão daqui, prepare-se: está prestes a se tornar um.

Como cidadão dessa comunidade e amigo do autor, a ideia aqui é preparar você para as próximas páginas que vêm pela frente. Se existe uma coisa que aprendi em anos de atuação nas redes sociais e na publicidade brasileira é que o verdadeiro poder não está nas palavras, mas nas (boas) histórias que elas contam. E, depois de navegar pelos capítulos a seguir, você vai compreender que branding é isto: contar histórias genuínas e relevantes culturalmente. E, claro, construir legados, como o Galileu vem fazendo (e este livro é prova disso).

Desde criança, eu me considero um bom contador de histórias. E, hoje, tenho a honra de introduzir uma dessas que falam para o coração dos apaixonados pela construção de marcas mais humanas, e que vai ajudar você a conhecer não apenas o

Branding de perto, mas um pouco mais da vida do extraordinário e querido amigo Galis.

Conheci o Galileu no meio do caos da pandemia, em uma call on-line, e foi identificação à primeira vista. Ele fez muitos questionamentos, mas ficou claro que no fundo havia uma intencionalidade de transformação. Desde então, segui acompanhando seus passos profissionais, muitas vezes à distância, mas com aquela dose de curiosidade pra descobrir quem era aquele Galileu para "além do branding e da cor laranja", que é a primeira coisa de que me lembro quando penso nele.

Vi o Galileu mudar de rumo, começar a produzir conteúdos cada vez mais fantásticos, e vibrei muito ao vê-lo empreender. Para mim, empreender, no Brasil, é ato de amor e de coragem. Ato este que testa a nossa capacidade de resiliência e de persistência. Eu nunca havia tido a oportunidade de falar isso para o Galis; nossos encontros eram sempre muito breves, na correria insana e incansável de São Paulo. Mas o Universo se encarregou de me presentear com uma oportunidade única de poder conhecer a história desse ser humano brilhante, e que eu sabia que me faria admirá-lo ainda mais.

Foi em um sábado de outubro de 2022. Havíamos acabado de desembarcar em São Paulo, eu e Galis, depois de participarmos como palestrantes de um grande evento de marketing em Florianópolis. O pico de adrenalina pós-palestra já havia passado. Estávamos aliviados, radiantes e compartilhando um sentimento mútuo de admiração e orgulho pelo dever cumprido: ter conseguido dividir conhecimento com o maior número de pessoas possível. Mesmo cansado, o Galis aceitou meu convite para almoçar, por ali mesmo, no aeroporto de Congonhas. Eu perguntei se ele topava me contar a sua história. Geralmente faço isso com as pessoas que eu sinto que vou levar pra vida. É uma maneira que encontrei para recuperar o tempo perdido de uma amizade que ainda não havia acontecido em sua plenitude.

Ao escutar a história do outro é como se eu pudesse, a partir daí, ajudar a escrever e a ler os próximos passos e capítulos, fazer parte de alguma linha que pode deixar a história ainda mais maravilhosa. E, obviamente, eu não ia perder a oportunidade de escutar mais e aprender o que havia levado o Galis até ali. Lembro que foi um daqueles almoços que são mais risadas do que comida, em um pequeno restaurante que, confesso, não fazia jus ao nosso paladar refinado de gourmets amadores – comemos um delicioso sanduíche com fritas. Entre uma batata e outra, Galileu, com seu sotaque sergipano inconfundível, me contava sua jornada. Como uma aula, ele fazia os conceitos de branding saltarem do prato diretamente para a realidade, aplicando-os na própria vida e fazendo correlações que me faziam escutá-lo com ainda mais atenção.

Compartilhamos dores, lutas, e experiências em comum. Aliás, tínhamos mais em comum do que eu poderia imaginar. Por sermos homens gays e fora do eixo sudestino (eu sou paraense, nascido em Belém do Pará, e costumo dizer que sou um filho do Norte, criado à base de tucupi e tacacá), dividimos perspectivas parecidas ao tentar desbravar São Paulo em busca da realização dos nossos sonhos, e enfrentar tudo o que fosse necessário por ser quem somos. Não falo aqui apenas de discriminação ou rejeição da sociedade, mas também das nossas próprias crenças sobre nós mesmos, muitas vezes nos autossabotando. Pronto. Aquele almoço me fez perceber o quanto eu queria acompanhar esse amigo ainda mais "de perto".

Logo em seguida, eu me formei no curso "Branding de Perto Imersão". Foi então que me tornei aluno do Galis e minha admiração se solidificou ainda mais. Acreditem, o Galileu tem o dom de transformar uma aula sobre estratégias de marca em um conteúdo simples e prático, como se fosse um daqueles casos que ele me contou no almoço. Pude aprender que branding não é só criar uma imagem memorável; e nos dias de hoje, com toda a complexidade com a qual é necessário lidarmos, branding é construir relações genuínas.

Uma frase que me marcou e que vai marcar quem trabalha com marcas foi: "construir uma marca significativa pro mundo exige coragem, responsabilidade". E, mais do que isso, exige um exercício contínuo de empatia com o outro e expansão da própria perspectiva de mundo. A capacidade de enxergar e aprender com o outro é o que nos potencializa e nos faz ser mais conscientes para tomar decisões no processo de construção de marcas fortes e longevas.

Sem spoilers, o livro *Branding de perto* não é apenas uma obra, mas um presente do autor para a sociedade, para que as pessoas que leiam este manual possam enxergar as marcas com todas as suas camadas, nuances e complexidades. E também para que todos nós possamos ter a capacidade de ser empáticos e aplicar conhecimento sem deixar de lado nossa capacidade mais valiosa, essencial e intrínseca: sermos humanos.

Galis não escreveu apenas um manual completo sobre estratégia de marca com exercícios práticos que ajudam na compreensão dos conceitos; ele relatou o que vive e respira, porque ele vê branding em tudo – em tudo mesmo, gente! –, mesmo nas suas próprias histórias. E, neste livro, ele compartilha esse olhar com um humor e uma sagacidade únicos, que só ele possui e que faz o processo de aprendizagem ser ainda mais incrível.

Preparem-se para adentrar no mundo laranja da Galileia. Ao final desta leitura, garanto que você verá as marcas, e talvez até a vida, sob uma nova perspectiva. E, Galis, meu amigo, obrigado pela sua generosidade em compartilhar seu conhecimento, sua genialidade e, claro, por ajudar a tornar o mundo do branding um lugar muito mais divertido e, principalmente, humano. Que esta obra seja apenas mais um capítulo de toda a transformação que você veio fazer no mundo das marcas.

E atenção: apreciem sem moderação. Este livro é contraindicado para quem não quer aprender a transformar o mundo através de marcas relevantes.

Pedro Alvim
Executivo de Redes Sociais e Reputação na Supercell

Introdução:
quem sou eu e por que fiz este guia prático

Diga-me qual é a sua marca preferida, e eu te direi quem és.

As marcas estão em todos os lugares. Com algumas delas você se identifica, com outras nem sequer inicia uma relação, exatamente como acontece com as pessoas.

As marcas, no geral, carregam consigo características humanas, e só as que assumem verdadeiramente sua humanidade e geram conexões serão lembradas e provocarão transformações profundas nas estruturas sociais.

Esse aspecto humano do branding é uma das coisas que mais me fascinam no mundo. Hoje, depois de catorze anos na área e de ter ajudado a construir marcas muito queridas no Brasil, como Ambev, LivUp, 99, Oracle, Me Poupe! e Whirlpool, posso dizer que desenvolvi um olhar de raio X para a temática. Consigo enxergar não só os atributos funcionais, emocionais e as bandeiras que as marcas levantam, como também as escolhas que estão por trás de cada elemento visual, verbal e comportamental, mas nem sempre foi assim.

Para desmistificar a ideia de guru predestinado, cheio de certezas, que tudo sabe e que tem a fórmula mágica para solucionar qualquer problema, compartilho com você um pouquinho da minha história. Ou, em outras palavras, me humanizo.

Era 2010 quando me formei em Publicidade e Propaganda na minha terra natal, Aracaju, a capital de Sergipe, uma cidade com pouco mais de 600 mil habitantes, cuja economia é movimentada pelo comércio, pela indústria e significativamente pelo turismo. Lá eu vivi minhas primeiras experiências com branding, em agências de comunicação que atendiam a clientes locais. Comecei atuando como diretor de arte, desenvolvendo projetos gráficos e identidades visuais e cuidando de toda a concepção artística dos trabalhos nos quais eu estava envolvido.

Pouco tempo depois, tive a oportunidade de migrar para o planejamento, área responsável por fazer pesquisas e análises de mercado, além de desenvolver estratégias de comunicação e marketing que são definitivas para a maneira como as empresas se posicionam diante de seus clientes, fornecedores, concorrentes e outras partes interessadas. A profundidade do que eu fazia ali me brilhou os olhos. Eu queria mais. Tão logo senti essa faísca, comecei a me organizar para me mudar para São Paulo, o principal centro financeiro e corporativo da América Latina. A terra das oportunidades. Uma megalópole onde o mercado publicitário já era bem desenvolvido há décadas.

Então, em 2012, peguei minhas reservas financeiras, uma pequena mala e toda a minha coragem e vim cursar um MBA em Marketing Digital na capital paulista – cidade onde vivo até hoje. Apesar de toda a efervescência cultural característica de São Paulo e de todas as possibilidades profissionais que vislumbrei quando cheguei aqui, foi um acontecimento pessoal que acendeu essa minha obsessão por construir marcas humanas e responsáveis.

Primeira vez morando sozinho, aos 23 anos, me vi envolto na tarefa de decorar o meu novo cantinho. Longe das minhas origens, eu sentia a necessidade de deixar a minha casa com a minha cara, como se esse processo fosse me ajudar a desenvolver um senso de pertencimento ao lugar que eu havia escolhido para chamar de lar. Então, fui a uma loja imensa de decoração e, entre todas as centenas de opções que havia lá, comprei uma porção de enfeites da Coca-Cola: um quadro com o logo antigo da marca, porta-copos, ímãs de geladeira...

Nessa época, eu, que já trabalhava com comunicação, sempre me pegava pensando, deslumbrado, em como as marcas conseguiam ocupar um espaço tão relevante na cabeça e no coração das pessoas. Porém, não havia percebido o simbolismo do que tinha acontecido ali, quando decidi decorar a minha casa com artigos de uma marca. Até o dia em que recebi a visita de uma amiga que trabalhava justamente na Coca-Cola.

— Uau, você tem a Coca-Cola estampada na sua casa! De cara, isso já me diz que você é uma pessoa alegre, de espírito livre e que gosta de compartilhar bons momentos — ela diagnosticou, tão logo pisou na minha casa.

Isso me trouxe um estalo. Afinal, eu poderia ter comprado quaisquer outros objetos de decoração: um quadro com alguma fotografia de paisagem, um vaso colorido bonito, umas palavras em inglês feitas em MDF, um porta-retratos para colocar fotos em família, um enfeite do Super Mario, um ímã de biscuit que fosse. Mas eu escolhi – num processo mais emocional do que racional, vale pontuar – um quadro gigantesco e outros adereços com o logo da Coca-Cola.

Pronto: eu, publicitário formado, já inserido no mercado de trabalho, havia acabado de me deixar enredar pela narrativa de uma marca sem nem me dar conta disso.

E o interesse por construção de marcas, que já existia, apenas se intensificou. Eu precisava entender como construir uma marca que não apenas vende, mas que encanta antes de qualquer coisa. Então, fiz o que estava ao meu alcance para me especializar no assunto: concluí meu MBA, para ter mais consistência acadêmica; li dezenas de livros – entre eles, *Brandsense*,[1] de Martin Lindstrom, e *Lovemarks*,[2] de Kevin Roberts, que me marcaram muito; consumi diversos conteúdos na internet, desde artigos internacionais até vídeos no YouTube; participei de todos os eventos que pude sobre branding; tive trocas memoráveis com outros profissionais da área.

---

1   LINDSTROM, M. **Brandsense:** segredos sensoriais por trás das coisas que compramos. Porto Alegre: Bookman, 2012.

2   ROBERTS, K. **Lovemarks:** o futuro além das marcas. São Paulo: M.Books, 2005.

Paralelamente, fui direcionando a minha carreira no sentido do branding. Das agências de comunicação, migrei para empresas nacionais, multinacionais e familiares. Trabalhei em startups grandes e pequenas. Desbravei os segmentos de tecnologia, fitness, mobilidade urbana e, educação. Fui ganhando corpo, até me tornar mentor de uma das maiores escolas de branding e inovação do mundo: a Miami Ad School.

Nessa trajetória de erros e acertos, tive a oportunidade de me envolver em projetos grandiosos, que me fizeram amar ainda mais o universo do branding e enxergar nele uma camada ainda pouco explorada pelas empresas: o poder de provocar transformação e de mudar profundamente a realidade das pessoas.

Enquanto gerente sênior de branding na 99, ouvi diversas histórias de mulheres que saíram de relacionamentos abusivos a partir do momento em que começaram a trabalhar como motoristas de aplicativo, escondidas de seus maridos, e a gerar renda suficiente para se sustentarem e se libertarem da prisão financeira em que viviam. Na função de diretor de branding na Me Poupe!, empresa de educação financeira criada pela influenciadora e jornalista Nathalia Arcuri, acompanhei inúmeros relatos de pessoas que haviam saído do SPC e do Serasa, comprado casa própria e realizado outros sonhos graças ao que aprenderam com a Me Poupe! – através de conteúdos gratuitos no YouTube ou de cursos pagos. Mais tarde, quando já atuava como consultor, prestei serviço para a empresa de suplementos nutricionais Integralmédica, onde eu já havia trabalhado no início da minha carreira, e pude trazer para o centro do debate a questão do preconceito contra atletas homossexuais e transsexuais no fisiculturismo.

Foi então que percebi que meu trabalho tinha uma função social muito nobre. Crescemos escutando que a publicidade é enganosa, que os profissionais da área ganham dinheiro vendendo ilusões, que o nosso trabalho é criar narrativas mentirosas para vender gato por lebre. E por mais que eu sempre tivesse tido a consciência de que a publicidade não era isso, escutar histórias de pessoas que tiveram a vida transformada pelas marcas que eu ajudei a construir fez toda a diferença para mim. Isso me trouxe um novo sentido para a vida. Mais do que isso: me impeliu a criar a minha própria empresa, a **Galileo Branding**, onde presto consultoria e ministro cursos, orientando pessoas a criarem marcas mais humanas e responsáveis para sermos capazes de transformar a sociedade em um lugar mais diverso e inclusivo.

Hoje, me sinto muito feliz em ter formado uma comunidade de "cidadãos da Galileia", como eu carinhosamente me refiro às pessoas que me acompanham, seja nas minhas redes sociais, seja nos meus cursos, seja no meu podcast semanal, o *Branding em Tudo*, no qual discuto, muitas vezes com a participação de convidados do mercado, questões relacionadas à construção, ao posicionamento e à humanização das marcas.

Diversidade e inclusão são termos que estão no meu propósito porque são pautas que fazem parte da minha vivência e que, por isso, não poderiam estar apartadas da minha conduta como empreendedor. Sou um homem nordestino que veio para São Paulo fazer carreira e encontrou dificuldades nos processos seletivos, ao ser entrevistado por pessoas que não conheciam as marcas regionais com as quais eu tinha trabalhado até então e, portanto, deduziam que eu não tinha capacidade para gerir grandes marcas.

Sou também um homem gay, que se dedicou intensamente à igreja evangélica como voluntário, fazendo de tudo – desde vocais na banda até gravação de vídeos para as redes sociais da congregação – para ouvir, depois de dez anos, que aquele não era o meu lugar caso eu não "me curasse" e abandonasse a minha "opção sexual". Fiquei profundamente entristecido, mas, graças à terapia e ao apoio da minha família, mantive a serenidade e a compreensão de que aquilo não era Deus: era só uma pessoa falando leviandades em nome dele.

Assim como acontece com a maior parte da população LGBTQIA+, as minhas vivências como alvo de homofobia, infelizmente, não se resumem a essa decepção com a igreja. Outro episódio muito marcante na minha vida aconteceu em 2021, quando passei a receber mensagens e cupons de desconto de uma grande rede de drogarias se referindo a mim como "Gaylileu". Num primeiro momento, dada a "sutileza" do ataque, não me dei conta de que era homofobia – ou talvez eu simplesmente não quisesse acreditar que não poderia nem sequer comprar um remédio em paz. Foi só depois de conversar com um amigo advogado que entendi que aquilo era um ato de preconceito passível de processo.

Depois de muitas idas e vindas na justiça, de uma condução desastrosa por parte da empresa e da impossibilidade de chegarmos a uma conciliação, ganhei o processo e o montante de R$ 40 mil através de um acordo – dinheiro esse que foi destinado na íntegra para a causa: R$ 20 mil foram destinados diretamente para a Casa 1, centro cultural e social de acolhida de pessoas da comunidade LGBTQIA+ expulsas de casa por motivo de suas orientações afetivo-sexuais e identidade de gênero, e a outra metade financiou três bolsas de estudo na Miami Ad School para pessoas do mesmo grupo minoritário, que enfim puderam se qualificar para ocupar cargos relevantes no mundo corporativo e evitar que a homofobia se perpetue e se naturalize nesses espaços de poder.

Para além do suporte e do acolhimento a pessoas LGBTQIA+, também sou um aliado na luta antirracista. Como parte do meu compromisso de entender os efeitos da branquitude e encontrar maneiras de quebrar o racismo estrutural, ofereço bolsas de estudo para pessoas pretas em todas as turmas dos meus cursos, o BDP (Branding de Perto) Introdução e o BDP Imersão.

E como não poderia deixar de ser, este é um livro que reflete não só o meu método, mas também a pessoa que eu sou e os valores em que acredito. Portanto, quero que você esteja ciente, desde já, que encontrará aqui um guia para construir marcas impactantes e rentáveis, mas sem jamais se esquecer de que elas podem – e devem – usar suas condições financeiras e sua influência mercadológica para promover transformações sociais sem necessariamente serem ONGs.

Aqui, você também terá acesso a técnicas e reflexões compartilhadas de maneira didática, por um professor que já ensinou as maravilhas do branding para mais de mil pessoas, mas que, antes de tudo, é um publicitário com catorze anos de experiência prática em construção de marcas queridas pelos brasileiros. Portanto, as lições que você aprenderá neste livro sempre virão acompanhadas de casos reais que deram certo, ou que deram errado, e de exemplos simples, que se conectam com o que você vive e consome no seu dia a dia. Afinal, estamos rodeados por marcas e podemos extrair aprendizados de todas elas, seja para o bem ou para o mal.

Por fim, espere também aprender sobre branding com alguém que é muito apaixonado pelo assunto. Hoje, encaro como um "superpoder" esse olhar de raio-x que desenvolvi sobre as marcas. E como com grandes poderes vêm grandes responsabilidades, considero que adquiri também uma missão: a de **descortinar o mundo do branding, de maneira apaixonada, acessível e clara, para todas as pessoas que tiverem interesse no tema.** Este livro, portanto, é mais do que um guia técnico: é um convite para que você, leitor, venha para trás das cortinas também.

Já aviso: a vida por aqui não é fácil, mas vale a pena. Chorar num comercial de TV se torna impossível, porque o que nos vêm à mente são as mensagens-chave da empresa refletidas no filme publicitário. Comprar um produto deixa de ser uma tarefa simples, porque quanto mais entendemos sobre construção de marca, mais variáveis passamos a considerar na hora de consumir. Assistir à prova do líder no BBB não é mais um mero entretenimento, mas, sim, um momento de análise técnica.

Por que o patrocinador formatou a prova desse jeito? Por que optaram por uma prova curta em vez de uma prova de resistência, que, em tese, significaria exposição da marca por mais tempo? Por que tal produto, quando encontrado num balaio cheio de outras coisas, vale 50 pontos, enquanto o outro vale apenas 25? Questionamentos como esses passarão a ser comuns quando você se aprofundar nesse universo tão encantador quanto complexo que é a construção de marcas.

Por trás de todas as ações e expressões de branding, existe, ou pelo menos deveria existir, uma decisão consciente, cheia de intencionalidade e tomada por uma pessoa de carne e osso que entende que a marca jamais é um fim por si só, mas um meio para realizar coisas extraordinárias.

Todos os conhecimentos que vou compartilhar a seguir podem parecer que foram frutos de uma observação solitária das minhas vivências nesse mundo da construção de marcas. Mas, a bem da verdade, é que foram as diversas empresas que passei, as lideranças inspiradoras que tive, as marcas que confiaram no meu trabalho e, principalmente, os cidadãos da Galileia que compartilharam suas dores e anseios comigo que me fizeram ter o repertório que me fez escrever esse livro.

E aí, vamos juntos descobrir tudo o que está por trás da cortina do branding?

1

Modo de usar:
como extrair o melhor deste guia

Se você tem alguma familiaridade com o Marketing, provavelmente já ouviu falar em Philip Kotler. Se não tem, fique tranquilo: este é um guia didático. Portanto, vamos à explicação. Philip Kotler é um professor universitário estadunidense considerado o "pai do Marketing". Eleito um dos maiores especialistas na área pelo Financial Times e uma das pessoas mais influentes no mundo dos negócios pelo The Wall Street Journal,[3] Kotler é responsável por vários dos termos e conceitos que usamos tão frequentemente no segmento.

---

3   PHILIP Kotler. **Philip Kotler**. Disponível em: https://www.pkotler.org/biography. Acesso em: 8 fev. 2024.

Kotler em parceria com Armstrong definem produto como "qualquer coisa que pode ser oferecida a um mercado para atenção, aquisição, uso ou consumo, que possa satisfazer um desejo ou necessidade." E eles complementam dizendo que além de objetos físicos, também são produtos os "serviços, eventos, pessoas, lugares, organizações, ideias ou combinações dessas entidades".[4] Este livro, portanto, é um produto, a partir do momento em que é adquirido e se propõe a satisfazer a necessidade dos leitores de aprenderem a construir uma marca do zero ou a gerenciar uma que já existe.

Mas, como especialista em branding, escrevi este livro para ser mais do que um produto. Eu o escrevi para ser parte de uma jornada pelo apaixonante mundo do branding. Se você me acompanha, provavelmente já ouviu falar sobre o BDP Introdução, curso on-line para iniciantes, com três horas de duração; o BDP Imersão, curso on-line ou presencial para quem já tem um conhecimento prévio e quer mergulhar no assunto durante nove horas intensivas de estudo; e o BDP Especialização, programa de formação avançada com duração de três meses. *Branding de perto* vem para enriquecer essa trilha, servindo como um primeiro contato aprofundado com a minha metodologia ou como uma revisão do conteúdo que foi ministrado nos cursos.

---

[4] KOTLER, P.; ARMSTRONG, G. **Princípios de marketing.** Porto Alegre: Bookman, 2023. *E-book*.

Portanto, sou mais propenso a enxergar sob a ótica da minha maior referência em branding, David Aaker, professor estadunidense de Marketing, autor de diversos livros sobre marca e o criador do método de construção de *brand equity* que usamos mundo a fora para constuir marca, ou seja, quanto de valor uma marca agrega aos produtos que comercializa. Segundo epígrafe do primeiro capítulo de seu livro *Marcas*, "o produto é algo que é feito na fábrica; a marca é algo que é comprado pelo consumidor. O produto pode ser copiado pelo concorrente; a marca é única. O produto pode ficar ultrapassado rapidamente; a marca bem-sucedida é eterna".[5]

Mais do que um produto, este livro cumpre a função de ser uma extensão de marca.

E como um bom produto que se configura antes como uma extensão de marca, ele vem com um modo de usar. Não que exista apenas uma maneira correta ou ideal de se ler um livro. No rótulo de qualquer shampoo, por exemplo, há a orientação para que ele seja usado em conjunto com o condicionador da mesma linha – e isso não faz com que esteja errada a pessoa que o combina com um condicionador de outra marca. Mas há boas práticas que podem potencializar o efeito do shampoo, assim como há boas práticas que podem ajudar você a absorver melhor este conteúdo.

Vamos a elas?

---

5   AAKER, D. **Marcas**: branding equity: gerenciando o valor da marca. Rio de Janeiro: Elsevier, 1998. p. 1.

1. TENHA UM CADERNINHO E UM LÁPIS OU UMA CANETA EM MÃOS

Como você vai perceber no decorrer das próximas páginas, este é um guia bastante prático. Ao final de cada capítulo, há um exercício para ajudar na fixação dos conteúdos e na construção da sua marca. Portanto, é importante que você reserve um caderno específico para resolver as questões propostas e fazer todo tipo de anotação que achar válida durante a leitura.

Você é uma pessoa visual, que precisa ter as informações disponíveis de maneira mais atraente aos olhos? Considere usar também post-its, uma lousa ou qualquer outro instrumento que se adapte à sua melhor forma de aprender.

2. SEJA CURIOSO O SUFICIENTE PARA MONTAR O SEU PRÓPRIO REPERTÓRIO

Ao longo dos meus catorze anos de carreira, já trabalhei com inúmeras marcas dos mais variados segmentos: imobiliário, automobilístico, alimentício, saúde, mobilidade urbana, educação, beleza, financeiro, fitness... Toda essa versatilidade tem a ver com a função que eu desempenho, é claro; afinal, toda pessoa que se dispõe a prestar consultoria de construção de marcas para diversos clientes precisa ser polivalente. Mas também é consequência direta de uma característica minha: a curiosidade.

Aqui, a gente cai no dilema: Tostines vende mais porque é fresquinho ou é fresquinho porque vende mais? Galileu é curioso porque trabalha com construção de marcas ou trabalha com construção de marcas porque é curioso? Tendo a achar que as duas alternativas estão certas, e se complementam. Sempre fui curioso, desde criança, mas meu trabalho também alimentou a minha curiosidade. Sempre me senti compelido a mergulhar nos segmentos com os quais eu estava trabalhando, a ponto de estar confortável para falar sobre o assunto por horas – por mais que, inicialmente, eu não tivesse qualquer intimidade com ele.

Portanto, aqui vai a segunda dica: pesquise incessantemente, inclusive sobre os cases que trarei aqui nos próximos capítulos. Leia artigos e notícias, assista a vídeos e documentários, procure especialistas do segmento com o qual você vai trabalhar e acompanhe-os. Tenha uma pastinha de favoritos no seu computador para salvar conteúdos interessantes e consulte-os quando necessário. Só assim você pode montar seu próprio repertório com profundidade.

3. SE QUER SER CRIATIVO, FUJA DO ÓBVIO

Vamos supor que você tenha sido contratado para desenvolver uma marca de skincare e precise se aprofundar no assunto. O mais óbvio seria consumir conteúdos sobre estética, saúde e dermatologia. Porém, as referências de que você necessita podem estar em outro segmento que nada tem a ver com o mercado de beleza, como o de luxo e até mesmo o automobilístico, por exemplo.

Quando eu trabalhei na 99, estava engajado em aumentar a base de clientes e, consequentemente, a quantidade de corridas solicitadas no aplicativo. Depois de muitas pesquisas, chegamos à conclusão de que uma das ocasiões de consumo mais comuns para aplicativos de mobilidade urbana era a saída de supermercados. Pessoas que fazem suas compras e não querem ou não conseguem voltar carregadas de sacolas para casa.

Então, eu trouxe à tona uma memória de quando trabalhei na Philips, empresa de tecnologia para produtos de consumo. Se os locutores de supermercados anunciam, nas caixas de som do ambiente, promoções de eletrodomésticos e eletroeletrônicos, por que não poderiam anunciar também um cupom de desconto do nosso serviço de transporte? Graças a essa estratégia, conseguimos um incremento grande na quantidade de corridas saindo dos supermercados, como também o ineditismo de ser a única marca de mobilidade urbana presente no ambiente de varejo naquela época.

Criatividade é a conexão entre o seu olhar único no mundo e suas referências culturais. É a partir desse cruzamento que surgem as grandes ideias, como explica o jornalista, escritor, político, zoólogo e empresário inglês Matt Ridley em sua já icônica palestra "Quando as ideias fazem sexo", ministrada no TED Global de 2010.[6] Portanto, quanto mais referências culturais você tiver, maior a probabilidade de desenvolver ideias realmente criativas. E é por isso que você não deve se limitar a consumir conteúdos que estão apenas na sua bolha ou no seu campo de interesse ou trabalho.

---

6   MATT Ridley: quando as ideias fazem sexo. 2010. Vídeo (16min38s). Publicado pelo canal TED. Disponível em: https://www.youtube.com/watch?v=OLHh9E5ilZ4. Acesso em: 8 fev. 2024.

Além de pesquisar outras áreas de negócio, leia livros que não está acostumado a ler. Veja séries e filmes que, a princípio, lhe pareçam chatos ou inúteis. Ouça gêneros musicais relevantes, mesmo que você não goste muito deles. Frequente lugares que não tenham muito a ver com você. Se interesse por conversas na rua e no transporte público. O seu repositório de referências e a sua criatividade agradecem.

4. QUEBRE O VIÉS DE CONFIRMAÇÃO

Todos nós temos vieses cognitivos.

De maneira simplificada, vieses cognitivos são pequenos deslizes que a racionalidade comete inconscientemente, com base em experiências passadas, sentimentos e preconceitos.

Um dos vieses cognitivos mais comuns, e mais nocivos para a criatividade, é o de confirmação, no qual a mente só aceita aquilo que sustenta nossas próprias crenças. Na prática, ele nos faz investigar apenas as coisas em que já acreditamos e consumir conteúdos relacionados aos assuntos pelos quais já temos interesse prévio. E assim se formam as bolhas, tão comuns em períodos de polarização e de popularização das redes sociais, que funcionam com base em algoritmos estruturados para reforçar apenas as nossas convicções.

— Mas, Galileu, qual o problema de eu só consumir aquilo que se conecta comigo? — Você pode estar se perguntando.

O grande problema é que se fechar nas suas crenças é um comportamento que faz você ficar estagnado, e a criatividade e a inovação são inimigas de águas paradas. O cérebro humano não gosta de gastar energia com pensamentos novos, e quanto mais você permite que ele fique nesse estado de inércia, mais ele vai se sentir confortável nesse lugar.

Portanto, a dica aqui é: desafie as suas convicções. Se você é uma pessoa ideologicamente posicionada à direita, pesquise os pontos positivos de um governo de esquerda. Se você não acredita que a Terra é plana, pergunte-se: qual o embasamento teórico das pessoas adeptas do terraplanismo? Mesmo que você só goste de escutar rock, permita-se frequentar, pelo menos uma vez na vida, uma roda de samba.

É plenamente possível extrair aprendizados daquilo que a gente não gosta e daquelas pessoas com as quais a gente não concorda.

5. MANTENHA O CORAÇÃO E A MENTE ABERTOS E LIVRES DE PRECONCEITOS

Como eu acabei de dizer, nossos preconceitos estão entre os principais catalisadores para o viés de confirmação. Por isso, tente se despir dos seus.

Eu nunca gostei de lutas. Nem de assistir, muito menos de praticar; mesmo que eu jamais tivesse assistido ou praticado. Meu preconceito me dizia:

— Qual é o sentido de pagar para ver duas pessoas "se batendo"?

Contudo, quando eu trabalhava na Integralmédica, empresa brasileira de suplementos nutricionais, a marca decidiu se tornar a patrocinadora oficial do UFC no Brasil. Então, meio que a contragosto, eu tive que me aprofundar nesse universo. Pesquisei quem era Dana White, o presidente da liga, quem eram os principais lutadores, qual a era história de vida de cada um deles, como o UFC nasceu, por que a organização ganhou tanta relevância, quais eram as principais polêmicas do meio...

E nesse processo, tive uma verdadeira aula de Marketing. Para além de garantir a consistência sobre o assunto necessária para gerir uma marca patrocinadora do evento, descobri que Dana White é um grande estrategista. Assim que surgiu, o UFC era extremamente malvisto nos Estados Unidos, porque as pessoas associavam o MMA (sigla em inglês para Artes Marciais Mistas) à barbárie dos gladiadores, que combatiam entre si ou até mesmo com animais selvagens para divertir a elite na Roma Antiga. Ciente disso, White fez todo um trabalho de reposicionamento da marca, conversando com o poder público e com a mídia. Em pouco tempo, conseguiu transformar o UFC em um dos esportes mais vistos nos Estados Unidos, no Brasil e no mundo.

Vale ressaltar também que a Integralmédica cresceu 40% no ano em que começou a investir no UFC,[7] além de acreditar que 70% dos novos consumidores passaram a conhecer a marca em função da parceria com a organização de MMA mais famosa do mundo.

---

7   GINESI, C. A Integralmédica cresce colada aos combates do UFC. **Exame**, 5 dez. 2013. Disponível em: https://exame.com/pme/vitaminada/. Acesso em: 8 fev. 2024.

6. DIVIRTA-SE

Ao longo deste livro, você vai aprender muita coisa nova – assim espero. E para que o aprendizado não fique maçante, respeite o seu ritmo. Em alguns momentos, você vai sentir a necessidade de fazer uma pausa na leitura para refletir ou descansar. Quando isso acontecer, feche o livro, distraia-se com uma série, converse com amigos, durma e retome a leitura no dia seguinte.

O cansaço faz com que nossos neurônios tenham dificuldade em deslocar o novo conteúdo para o repositório onde deveríamos guardar os aprendizados; em outras palavras, para a memória de longo prazo. Fazer intervalos e descansar é o que vai possibilitar uma fixação melhor das ideias.

"Estude enquanto eles dormem, trabalhe enquanto eles se divertem e lute enquanto eles descansam", definitivamente, não é um lema que faz parte do meu método.

7. COMPARTILHE O SEU PROCESSO COMIGO!

Vou adorar acompanhar junto com você o seu processo de aprendizagem, seja para construir sua marca do zero ou ajustar o planejamento de uma marca que você já gerencia. Além disso, quando compartilha com seus amigos e familiares, seja em redes sociais ou em grupos de WhatsApp, você está assumindo um compromisso público com nada mais nada menos do que o ativo mais valioso que existe: a sua marca.

Você pode não acreditar de primeira, mas quando compartilhamos nossa jornada, conseguimos provocar reações e até estimular outras pessoas a retomarem seus estudos, acreditarem novamente na própria marca e inspirar mudanças ao nosso redor. Por isso, compartilhe suas anotações, partes preferidas do livro e suas reflexões nas redes sociais, usando a hashtag #BrandingDePerto. Vai ser incrível conhecer a forma como cada um vai usar este livro na própria jornada.

2

O que não esperar deste guia

Este livro se chama *Branding de perto*, portanto, nada mais natural do que você aprender, nas próximas páginas, a construir uma marca do zero ou aprender a técnica para fazer uma boa gestão de marca: a estratégia por trás dela, a identidade visual, a identidade verbal, a comunicação com seus públicos... Você encontrará muitos aprendizados aqui. Por isso, repito: prepare o caderninho!

Para começar, tenhamos em mente que marca é a maneira como a sua empresa se coloca no mundo. Contudo, é importante ter em mente que há certas coisas que a sua marca não pode fazer pela sua empresa. E como a expectativa é a mãe da frustração, já dizia a sabedoria popular, quero deixar claro, logo no começo deste guia, o que você não pode esperar dele.

PRIMEIRO PONTO: MARCA NÃO SALVA UM PRODUTO RUIM

Sua marca pode ser extremamente bem construída e bem posicionada. Pode ter a melhor identidade visual. A comunicação mais clara e direcionada para o público a que se destina. Ela pode lutar por causas incríveis e necessárias para que tenhamos um mundo mais justo e inclusivo. Porém, se o produto for ruim, nada disso adianta. Isso porque a percepção do consumidor passa, obrigatoriamente, pela experiência que o seu produto oferece. Se você vende produtos de skincare que enchem a cara do consumidor de espinhas, não vai ser um logo bonito ou um texto cheio de personalidade que vão resolver o problema. Toda marca precisa se comprometer, antes de qualquer coisa, em entregar os atributos funcionais que os produtos se propõem a cumprir.

Em resumo: branding bem-feito não salva produto ruim.

SEGUNDO PONTO: ESTE GUIA NÃO É UMA RECEITA DE BOLO

Receitas são ótimas... para bolos, tortas e risotos, que são construções lineares e padronizadas. Se você está fazendo um bolo de cenoura com cobertura de chocolate, quer que ele tenha sabor, textura e aparência de bolo de cenoura com cobertura de chocolate. Afinal, é um preparo popular no Brasil, que você pode comer numa lanchonete, num café da tarde com amigos, na casa da sua avó e que provavelmente vai despertar em você alguma memória afetiva ou, no mínimo, o prazer de comer alguma coisa gostosa.

Agora, vamos pensar no âmbito das marcas. Não é porque você está construindo uma marca de serviços financeiros que ela deve soar como o Nubank. Muito pelo contrário: uma marca bem construída serve como diferenciação da concorrência. Exemplos simples e bastante ilustrativos estão no próprio mercado financeiro. Se eu falar em banco laranja, você certamente vai saber que estou me referindo ao Itaú. Amarelo e azul? Banco do Brasil. Roxo e branco? Nubank. Vermelho e branco? Bradesco.

O público de interesse desses bancos é majoritariamente o mesmo, assim como os serviços que eles oferecem. Mas isso não significa que eles seguiram uma receita de bolo para estruturarem suas marcas. Em vez de procurarem as respostas certas como quem consulta um gabarito, cada empresa precisa refletir a respeito das perguntas para construir respostas que sejam adequadas à sua realidade.

Aquela história de "faça o que eu digo, e você vai ser bem-sucedido" pode até ser verdade no que diz respeito a cozinhar, se curar de um resfriado, fazer o seu dinheiro render ou formatar um TCC conforme as normas da ABNT. Agora, quando o assunto é marca, essa máxima definitivamente não é válida.

TERCEIRO PONTO: ESTE GUIA NÃO VAI AJUDÁ-LO SE VOCÊ NÃO FIZER A SUA PARTE

Muitos de nós temos a crença de que a leitura é um exercício passivo. Sentados no sofá, abrimos um livro, lemos página por página e achamos que absorvemos o conteúdo e que, só por isso, ele já fará uma diferença substancial na nossa vida.

Ledo engano. Mais do que não mudar a vida de ninguém, a leitura passiva pouco contribui para a absorção do conteúdo. Em outras palavras, não traz aprendizados significativos.

Ao longo de sua carreira, o psiquiatra e psicólogo estadunidense William Glasser se debruçou sobre questões relativas a ensino e aprendizado e desenvolveu a chamada pirâmide de aprendizagem,[8] uma teoria segundo a qual aprendemos:

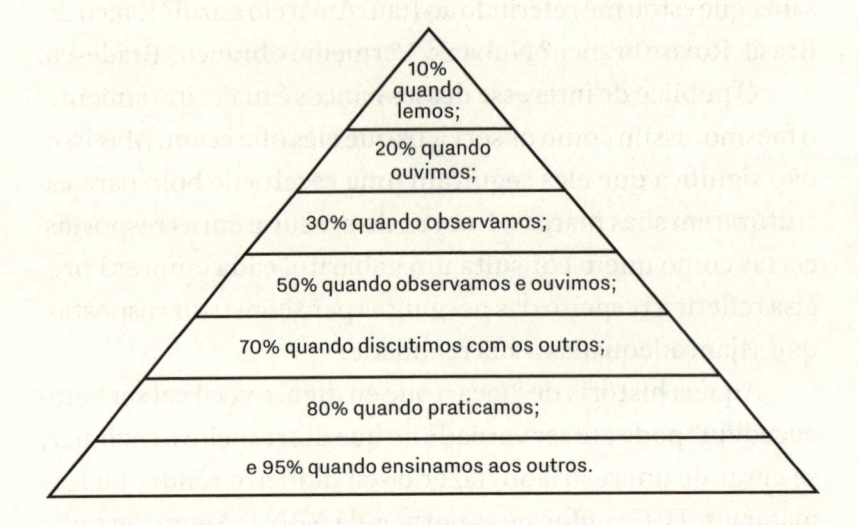

- 10% quando lemos;
- 20% quando ouvimos;
- 30% quando observamos;
- 50% quando observamos e ouvimos;
- 70% quando discutimos com os outros;
- 80% quando praticamos;
- e 95% quando ensinamos aos outros.

Apesar das controvérsias envolvendo o método científico de Glasser, sua teoria levantou a importância da leitura ativa, que nada mais é do que interagir com o texto de diversas maneiras; seja anotando os pontos-chave, tentando explicar para si mesmo o que se acabou de ler ou fazendo exercícios práticos para melhorar a compreensão e a absorção do conteúdo que foi lido.

---

8   GLASSER, W. **Teoria da escolha:** uma nova psicologia de liberdade pessoal. São Paulo: Mercuryo, 2001.

É por isso que este livro possui, ao final de cada capítulo, um exercício de fixação. Se você pular as atividades, pode até ter algum aprendizado residual, mas certamente vai se sentir perdido na hora de construir uma marca, ainda mais se nunca tiver feito isso antes. Portanto, faça a sua parte: leia e pratique conforme as instruções contidas ao longo deste guia.

É o que eu sempre digo: construir marca é um processo complexo. E se algum dia alguém lhe disse o contrário disso, sinto informar, mas quem falou estava mentindo pra você.

3

Autoavaliação:
quanto você já sabe sobre construção de marca?

Construir uma marca é contar uma história por meio de elementos textuais e visuais. E apesar da nossa habilidade como contadores de histórias ser inata e ter contribuído para a dominância do ser humano no planeta Terra, existe muita técnica por trás disso. Especialmente quando precisamos contar histórias de marcas, que sempre são, ou pelo menos deveriam ser, movidas por uma estratégia e por objetivos de negócio claros.

Aliás, imagino que você tenha chegado até este livro justamente com o intuito de aprender as técnicas necessárias para a construção ou gestão de uma marca. Por isso, antes de partirmos para o conteúdo mais aprofundado, que tal fazer uma autoavaliação para mensurar o quanto você conhece sobre o assunto?

Leia as frases que escrevi e avalie, numa escala de 0 a 10, como elas se aplicam ao seu momento atual.

Considere que 0 significa "não se aplica" e que 10 significa "é totalmente a minha realidade".

Eu tenho experiência em construir marcas.

1	2	3	4	5	6	7	8	9	10

Frequentemente estou fazendo cursos e imersões relacionadas a branding.

1	2	3	4	5	6	7	8	9	10

A minha formação acadêmica me ajudou a entender mais sobre branding.

1	2	3	4	5	6	7	8	9	10

Costumo consumir conteúdos (ler livros, ver vídeos, escutar podcasts) sobre o assunto.

1	2	3	4	5	6	7	8	9	10

Conheço os principais autores do ramo.

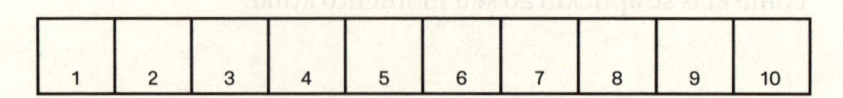

1	2	3	4	5	6	7	8	9	10

Nas redes sociais, acompanho pessoas que falam sobre construção de marca.

1	2	3	4	5	6	7	8	9	10

Estou constantemente observando o mercado e buscando referências.

1	2	3	4	5	6	7	8	9	10

Conheço cases famosos de construção de marca.

1	2	3	4	5	6	7	8	9	10

Quando quero me inspirar, sei a quais fontes recorrer.

1	2	3	4	5	6	7	8	9	10

Eu me considero fã de alguma marca.

1	2	3	4	5	6	7	8	9	10

Eu me sinto pronto para arriscar e construir uma marca.

1	2	3	4	5	6	7	8	9	10

Confio nos meus conhecimentos e na minha experiência para construir uma marca.

1	2	3	4	5	6	7	8	9	10

Acredito na marca que estou construindo ou que vou construir.

1	2	3	4	5	6	7	8	9	10

Agora que você já avaliou cada afirmação na escala de 0 a 10, some os pontos que fez e confira a seguir o resultado da sua autoavaliação.

DE 13 A 52

Você está no processo de aprender mais sobre o tema, e ter comprado este livro foi uma excelente decisão. Nas próximas páginas deste guia completo e prático, você vai encontrar o caminho certo para chegar lá, sendo auxiliado por um especialista com catorze anos de experiência em construção de marcas fortes e memoráveis para os brasileiros. Será uma trilha de muitos aprendizados. Por isso, fique atento e anote os pontos mais importantes. Adquirir conhecimento é um processo, e todo processo exige paciência e dedicação.

DE 52 A 91

Você já tem um certo conhecimento e intimidade com construção de marcas, mas ainda tem espaço para aprender mais. O Branding, bem como o Marketing, é uma ciência relativamente nova e que vem se desenvolvendo a passos largos. Nas próximas páginas, você vai encontrar informações e técnicas importantes para se aprofundar cada vez mais nesse universo apaixonante. E vai aprender, através de exemplos práticos e cases valiosos, novos pontos de vista que vão enriquecer o seu repertório criativo.

DE 91 A 130

Você já tem um conhecimento profundo no mundo do Branding. Parabéns! Mas, como aprendizado nunca é demais, chegou a hora de enriquecer as suas referências e atualizar o seu repertório. Com este guia, você certamente adicionará ainda mais técnica à sua maneira de construir marcas relevantes e encantadoras e terá contato com um novo ponto de vista, vindo de um especialista e professor que, além de conhecimento, tem catorze anos de experiência prática com marcas dos mais diversos segmentos.

Vamos juntos ver branding em tudo?

4

Os desafios de construir uma marca relevante e encantadora

Vivemos em um mundo imediatista. Começamos a academia na segunda, e já queremos ter um abdômen trincado na sexta. Iniciamos uma rotina de skincare hoje, e esperamos que amanhã nossa pele já acorde mais bonita, com o viço facial da Beyoncé. Mandamos mensagem para um amigo, e estranhamos se ele não nos responde dentro de duas horas. Resolveu cortar contato, foi sequestrado, morreu. Bastam poucos minutos para elaborarmos, dentro das mentes ansiosas, os piores cenários possíveis.

Não devemos nos culpar integralmente por isso. Afinal, é da nossa natureza. Basta analisar o comportamento de uma criança para perceber: como toda criança, ela provavelmente terá uma dificuldade tremenda em abdicar de um prazer imediato em prol de um benefício futuro. Nessas horas, é impossível não lembrar do famoso teste do marshmallow, conduzido no final dos anos de 1960 por Walter Mischel, psicólogo da Universidade de Stanford.[9]

Se você nunca ouviu falar sobre o assunto, vale fazer uma busca rápida na internet. Basicamente, o mecanismo é o seguinte: uma criança é colocada em uma sala, diante de uma mesa com um marshmallow, típica guloseima estadunidense. Um pesquisador, que em breve sairá da sala, dá a ela duas possibilidades: comer o doce ou esperar até que ele volte e, então, poderá devorar não só um, mas dois marshmallows. Mesmo com uma recompensa clara em jogo, dois doces em vez de apenas um, somente um terço das crianças participantes esperou o retorno do pesquisador.

É claro que há vários fatores psicológicos envolvidos nessa questão. Mas, até hoje, os resultados do teste são utilizados para comprovar que tendemos a ser impulsivos.

Aonde eu quero chegar com essa história? Ao fato de que você certamente gostaria de aprender tudo sobre branding e estar apto a construir uma marca de sucesso num estalar de dedos, e talvez até tenha considerado essa introdução uma "enrolação".

Acontece que não se aprende sobre construção de marca, assim como não se constrói uma marca, da noite para o dia. Afinal, se trata de um processo, e todo processo nos coloca diante de uma série de desafios. O primeiro deles é justamente o tempo.

---

[9] MISCHEL, W. **O teste do marshmallow:** por que a força de vontade é a chave do sucesso. São Paulo: Objetiva, 2016.

Crescemos bombardeados pela máxima de que "tempo é dinheiro", o que não é mentira. O nosso tempo, e o que fazemos com ele, é o que temos de mais valioso. Porém, certas coisas da vida não podem ser apressadas. Uma caneca de leite não vai ferver mais rápido só porque você quer que ela ferva. O sono não vai vir instantaneamente só porque você tem que acordar cedo no dia seguinte. Uma virose não vai se curar em um período de vinte e quatro horas só porque você está às vésperas da sua viagem de férias. Assim como uma *love brand* – ou, no português claro, uma marca amada pelos consumidores – não se constrói da noite pro dia só porque você tem pressa de que seu negócio dê certo.

Não há no mercado uma pesquisa que determine quanto tempo seria necessário para criar uma marca relevante, apaixonante e que seja reconhecida e desejada pelo público. Eu diria, de acordo com a minha experiência, que dois anos é o menor prazo razoável. Isso considerando que se faça investimentos constantes e significativos em publicidade e comunicação. O dinheiro é o único fator capaz de encurtar o tempo, e nem assim ele faz milagres.

Para facilitar o entendimento desse assunto, vamos a um exemplo. Recentemente, por intermédio da minha consultoria, a Galileo Branding, atendi a uma empresa do segmento financeiro que estava há um ano e meio em funcionamento. Quando chegaram até mim, eles já tinham um produto muito bem estruturado, além de uma boa identidade visual, aplicada em site, redes sociais e aplicativo para dispositivos móveis. O maior obstáculo que enfrentavam naquele momento era o de tornar a marca conhecida em um mercado extremamente competitivo: o de serviços financeiros para pequenas e médias empresas. Por isso, investiam alguns milhões por ano em mídia e tráfego para construir esse reconhecimento.

Mesmo assim, quando aplicamos uma pesquisa para entender a saúde da marca, identificamos que apenas 11% do seu público de interesse a conhecia, enquanto o principal concorrente era conhecido por 87% dos respondentes. Ou seja, mesmo depois de milhões investidos, a marca que me contratou ainda estava 76 pontos percentuais atrás do líder de mercado no Brasil, o que denotava que havia muito espaço para ser disputado, e que o tempo é um fator crucial para toda marca que quer ganhar relevância e preferência. Vale pontuar que a marca líder tem quase oitenta anos a mais de história do que a marca para a qual prestei consultoria.

Assim como em várias outras situações da vida, na construção de marca o dinheiro ajuda, mas não é tudo. O mercado nos traz alguns exemplos de empresas que, logo após gastarem milhões com patrocínio de campeonatos esportivos, programas de TV e grandes eventos, esgotaram as verbas para comunicação e marketing e acabaram sofrendo descredibilização diante do público. Afinal, alcançar conhecimento de marca sem sustentá-lo ao longo do tempo não adianta nada.

Portanto, aqui fica o meu conselho para pequenos empreendedores que estão em processo de construção de marca: separar algo em torno de 10% do faturamento mensal para investir em mídia e tráfego pago, tendo consciência de que isso não é gastar, mas, sim, reinvestir no próprio negócio. Por mais que seu faturamento seja pequeno – e que 10% lhe pareça muito para gastar com algo "supérfluo", mas pouco para ter algum resultado –, lembre-se de que posts patrocinados nas redes sociais alcançam mais gente do que conteúdo orgânico (que quase não estão sendo mais entregues aos seguidores pelas plataformas de rede social).

Essa dica de reservar uma porcentagem do faturamento para reinvestir na empresa vale também para outros aspectos da construção de marca, como realização de fotos profissionais, criação de site e de identidade visual e verbal. No mundo dos sonhos, toda marca já deveria nascer com esses ativos bem desenvolvidos, porque é o caminho mais certeiro para que ela se fortaleça e se torne uma *love brand* com o passar do tempo. Porém, essa é uma exigência desconectada da realidade brasileira. Segundo a pesquisa Global Entrepreneurship Monitor, realizada em parceria com o Instituto Brasileiro de Qualidade e Produtividade (IBQP), 48,9% das pessoas que abriram empresas em 2021 o fizeram por necessidade.[10] E num cenário como esse, é esperado que o branding não seja prioridade logo de cara.

De qualquer maneira, sendo você um empreendedor por necessidade ou não, outro desafio que virá pela frente é

---

10 PESQUISA mundial de empreendedorismo divulgada no Projeto Sebrae 50+50. **Sebrae**. Disponível em: https://sebrae.com.br/sites/PortalSebrae/sebrae50mais50/noticias/pesquisa–mundial–de–empreendedorismo–divulgada–no–projeto–sebrae–50mais50. Acesso em: 9 fev. 2024.

a necessidade de manter uma **frequência na comunicação com o seu público**. O maior desejo de toda marca iniciante é se tornar conhecida, e as redes sociais estão aí, como canais gratuitos, para que você "espalhe a sua palavra". Um grande benefício do qual as gerações passadas não puderam desfrutar. O problema é que criar conteúdo para postar frequentemente nas redes sociais é trabalhoso, o que só reforça uma frase que eu já disse no capítulo anterior e que ainda vou repetir algumas vezes ao longo deste livro: te enganou quem disse que construir marca era fácil.

Muitos empreendedores sustentam a crença de que produzir conteúdo é supérfluo e que, portanto, tudo bem fazer "só se der tempo". Acontece que isso já não é mais uma opção. Segundo pesquisa realizada pelo Hubspot em 2023, 90% dos especialistas em redes sociais afirmam que construir uma comunidade on-line ativa é fundamental para o sucesso.[11] Além disso, o algoritmo das redes gosta de quem posta com frequência.

Outra pesquisa também do HubSpot mostrou que 40% dos profissionais de marketing perderam seguidores em 2022 por não postarem o suficiente. Mas qual seria a frequência suficiente? No feed, para 45% dos respondentes, o ideal é postar várias vezes por semana; já 23% recomendam um post por dia.

---

11 ISKIEV, M. HubSpot's 2023 social media marketing report [data from 1000+ global marketers]. **HubSpot**, 30 jul. 2023. Disponível em: https://blog.hubspot.com/marketing/hubspot-blog-social-media-marketing-report. Acesso em: 9 fev. 2024.

Nos stories, 43% postam várias vezes por semana, enquanto 26% postam várias vezes ao dia e 23% postam uma vez ao dia.[12]

Ou seja, se quer que a sua marca se torne conhecida, admirada e relevante, você precisa arranjar tempo para desenvolver conteúdo e postar, ou contratar alguém que possa executar esse trabalho. A tentação de culpar o algoritmo e sair dizendo por aí que você não cresce nas redes porque elas te boicotam é grande. Mas lembre-se sempre de que o negócio é seu e você deveria ser o maior interessado em fazê-lo crescer. Portanto, encare o conteúdo como rotina. Assim como o dono de uma cafeteria precisa moer o grão de café todos os dias para atender à clientela, ele também precisa postar todos os dias para que o público descubra seu negócio e se torne cliente.

Caso contrário, não vai crescer nas redes e vai desanimar, angariando apenas mais insumos para sustentar a sua crença errada de que as redes sociais não importam tanto assim. Enquanto isso, os concorrentes provavelmente estarão fazendo bom uso delas e conquistando cada vez mais um público que poderia ser seu.

Por fim, outro grande desafio do branding é a **consistência**. Especialmente no começo, quando a marca ainda não é conhecida, nosso primeiro impulso é transmitir inúmeras

---

12 ISKIEV, M. The HubSpot Blog's 2023 Instagram marketing report [data from 500+ Instagram marketers]. **HubSpot**, 30 jul. 2023. Disponível em: https://blog.hubspot.com/marketing/instagram-marketing-report. Acesso em: 9 fev. 2024.

informações sobre ela. Que usamos matérias-primas sustentáveis nos produtos, que destinamos parte do lucro a instituições sociais, que fortalecemos a cadeia produtiva regional, que o cheirinho da marca foi desenvolvido para acessar as memórias afetivas do consumidor, que a área de cobertura é maior que a do concorrente, que temos frete único para todo o Brasil, que nossa linha de produção conta com a tecnologia mais moderna do país, que somos a melhor opção para mulheres mais velhas e antenadas nas tendências do mercado...

Acontece que o cérebro humano retém, no máximo, três mensagens simultâneas. Por isso é fundamental escolher apenas as mensagens principais sobre a marca, e explorá-las à exaustão. Sim, você vai ser repetitivo. E, não, você não precisa ter medo disso.

Segundo a consultoria internacional de marketing Red Crow, o estadunidense vê, em média, de 4 a 10 mil anúncios por dia.[13] A estimativa é que sejam necessárias até cinco visualizações para que o consumidor de fato preste atenção ao anúncio, até dez para que o anúncio se torne memorável e até vinte para que aconteça uma conversão. Ou seja, se você não repetir suficientemente as suas mensagens-chave, o seu público de interesse não vai se lembrar e muito menos comprar de você.

---

13   HOW many ads do you see in one day? **Red Crow Marketing Inc.**, 10 set. 2015. Disponível em: https://www.redcrowmarketing.com/blog/many-ads-see-one-day/#. Acesso em: 9 fev. 2024.

Essa não é uma prática importante apenas para marcas novas. As consolidadas também precisam ser, e geralmente são, adeptas da repetição. Nos últimos tempos, minha atenção foi capturada por uma campanha grandiosa da Enjoei, plataforma em que os usuários podem vender produtos usados e em bom estado. Mesmo sendo uma empresa que existe há quase quinze anos e que até já abriu capital na bolsa de valores, ela investiu em uma campanha de mídia on-line e off-line para reforçar seu principal atributo como marca: a possibilidade de gerar renda extra para seus usuários.

Em todas as peças da campanha, a Enjoei disseminou mensagens de estímulo para que as pessoas utilizem a plataforma para vender o que não usam mais. Não falaram sobre a segurança de comprar de vendedores certificados, não falaram sobre entrega rápida, não falaram sobre as formas facilitadas de pagamento. Concentraram-se apenas no principal: o modelo de negócios da empresa.

Isso significa que uma marca deve postar sempre as mesmas coisas? De maneira nenhuma. Repetir mensagem não é sinônimo de repetir conteúdo. Um carrossel com achadinhos da semana, um vídeo curto no formato provador com peças de roupa clássicas, a história de um vendedor que conseguiu comprar um celular novo após desapegar de objetos que já não usava: todos esses conteúdos podem ser feitos de modo a transmitir a mensagem central de que a sua marca permite aos clientes a geração de renda extra. O segredo é se reinventar criativamente para dizer a mesma coisa de maneiras diferentes.

Muitas marcas erram quando, na intenção de não serem repetitivas, atiram para todos os lados. Patrocinam festival de rock, competição esportiva e festa do peão de boiadeiro para atingir vários públicos, mas nunca voltam ao mesmo atributo que precisa ser fixado e, assim, criam uma confusão na cabeça do público. Quem é essa marca? Com quem ela realmente quer falar? Quais as experiências que ela quer promover?

Querer falar de tudo com todos os públicos e estar em todos os lugares é receita exata para que a sua marca seja percebida como oportunista, perdida e sem identidade.

Sim, há vários aspectos envolvidos na construção de uma marca relevante e encantadora. E, sim, você precisa estar atento a todos eles. Não basta ter um bom produto ou bons contatos, para consolidar a sua marca no mercado, você precisa de tempo, dinheiro, conhecimento, frequência e consistência. É difícil, mas plenamente possível. E eu estou aqui para lhe mostrar o caminho das pedras.

AMPLIE SEU CONHECIMENTO

Para continuar aprendendo sobre o tema, você pode escutar os seguintes episódios do meu podcast *Branding em Tudo*, disponíveis nas principais plataformas de áudio:

Episódio #002: Criar marca do zero.
Episódio #049: A regra do 70/30.

5

Por que fazer branding desde o começo da marca?

"Mais um dia da minha vida em que eu não uso a fórmula de Bháskara".

Provavelmente, você já ouviu essa piada por aí. Ela é uma síntese bem-humorada de uma das principais críticas da sociedade ao nosso ensino básico: aprendemos na escola algumas coisas que não têm muita aplicação prática e chegamos à maioridade crus em alguns assuntos que a vida adulta exige que dominemos. Por exemplo, declarar imposto de renda e administrar as nossas finanças.

E se engana quem pensa que essa é uma defasagem exclusiva do ensino básico. Quando nos especializamos em alguma profissão, também nos deparamos com esse cenário. Se você já fez algum curso voltado ao empreendedorismo, vai entender com clareza do que eu estou falando. A gente aprende sobre precificação, modelos de negócio, máquinas de vendas...

Isso tudo é muito importante. Afinal, segundo estimativas do Instituto Brasileiro de Geografia e Estatística (IBGE), uma em cada cinco empresas fecha no primeiro ano de operação,[14] e uma das principais causas é a má gestão.[15]

Porém, em nenhum momento os cursos de empreendedorismo nos ensinam branding, até porque esse é um assunto relativamente novo no mercado brasileiro. Grande parte dos empreendedores iniciantes não tem conhecimento técnico sobre a questão. Eles sabem que precisam de um logo para estampar na fachada da loja ou nos cartões de visita e de um material básico explicando o que fazem, mas não têm consciência do quão vital a construção de marca pode ser para o negócio, que ela vai muito além do logo.

Especialmente no cenário do empreendedorismo por necessidade, criou-se a percepção de que branding é custo, não investimento. Contratar uma agência, um estrategista de marca,

---

14 SARAIVA, A. Maioria das empresas no país não dura 10 anos, e 1 de 5 fecha após 1 ano. **Valor Econômico,** 22 dez. 2020. Disponível em: https://valor.globo.com/brasil/noticia/2020/10/22/maioria-das-empresas-no-pais-nao-dura-10-anos-e-1-de-5-fecha-apos-1-ano.ghtml. Acesso em: 12 fev. 2024.

15 A FALTA de gestão eficiente é o segundo maior motivo para o fechamento de empresas no Brasil. **G1,** 30 out. 2023. Disponível em: https://g1.globo.com/pr/parana/especial-publicitario/vsh-partners/empreendedorismo-do-valuation-ao-mea/noticia/2023/10/30/a-falta-de-gestao-eficiente-e-o-segundo-maior-motivo-para-o-fechamento-de-empresas-no-brasil.ghtml. Acesso em: 12 fev. 2024.

um redator, um diretor de arte... tudo isso é caro. E quem está abrindo o próprio negócio coloca à frente outras prioridades, guiado pelo seguinte pensamento: quando vou recuperar esse dinheiro que eu poderia investir em outras coisas que me trariam um retorno mais rápido?

Realmente, o retorno do investimento em branding não é imediato. E os empreendedores só vão sentir a necessidade de fazê-lo quando a empresa já ganhou uma certa tração, porque, no começo, um bom produto comercializado a um preço atrativo vende. Acontece que, depois de algum tempo, vem a estagnação. A base de clientes não cresce, a concorrência aumenta, e as vendas despencam. No desespero, as marcas apelam para promoções e descontos insustentáveis no longo prazo, na tentativa de fazer o negócio girar.

Sem branding, a empresa até pode crescer, mas o empreendedor não tem controle algum sobre esse crescimento e começa a se deparar com situações complexas, como descobrir que uma marca de mesmo nome já existe na hora de fazer o registro, ter dificuldade para batizar um novo produto com um nome que faça sentido, encontrar um diferencial na hora de apresentar a marca para novos clientes ou possíveis investidores, gerar estranhamento no público após tomar alguma decisão de negócio ou ainda decidir se, estrategicamente, vale a pena ou não atender a algum pedido de patrocínio.

Já imaginou ter que refazer todas as suas embalagens, ficar refém de promoções que afetam a rentabilidade do seu negócio ou até mesmo precisar trocar de nome e de logo porque eles não conversam com o público que você deseja atingir?

Pense que toda marca é uma construção. E sempre que você precisar fazer mudanças drásticas, terá que marretar a parede que já está construída para reerguê-la de novo, tijolo por tijolo, no dia a dia da empresa e na cabeça do seu consumidor. Dá trabalho e consome tempo e dinheiro que poderiam ser poupados e canalizados para outros fins se o branding tivesse sido desenvolvido desde o início. Porém, diante de todas as particularidades do empreendedorismo brasileiro, não há como julgar pessoas que decidem, consciente ou inconscientemente, não investir em branding desde cedo.

E não há motivo para desespero. Se você se identificou com alguma das situações que pontuei e, justamente por isso, resolveu comprar este livro, saiba que foi uma decisão muito acertada. Você está dando o primeiro passo no sentido de transformar a sua marca num ativo valioso, competitivo e que pode fidelizar o público que a sua empresa sempre quis atingir.

Você pode estar se perguntando: mas, Galileu, não é natural que essas mudanças todas aconteçam ao longo do tempo? E eu respondo que sim. É por isso, aliás, que a palavra "branding" está no presente contínuo. Construir marca é um ato contínuo. Entretanto, se você já começar olhando para o futuro e tomando decisões com atenção aos objetivos e à personalidade da sua marca, as mudanças deixam de ser drásticas e passam a ser evoluções. Em vez de trocar de nome, você pode acrescentar um slogan. Em vez de refazer a sua identidade visual inteira, você pode adicionar um novo elemento gráfico ou uma nova cor à sua paleta. Seguindo o paralelo da marca como um prédio, você não quebrará a construção inteira para depois reerguê-la; apenas mudará o revestimento das paredes.

Tudo isso dito, já entendemos por que as marcas não investem em branding desde o começo. Agora, é hora de entender por que elas deveriam mudar esse pensamento. Há três grandes benefícios que as empresas podem colher se apostarem no desenvolvimento de suas marcas desde cedo: diferenciação da concorrência, construção da reputação corporativa e otimização dos custos de marketing.

Vamos nos aprofundar em cada um deles?

1. DIFERENCIAÇÃO DA CONCORRÊNCIA

Quando o assunto é diferenciação, é natural que se pense em produtos. Como o que eu ofereço pode se diferenciar da concorrência e atrair o público que desejo? Esse é um ponto importante. Porém, hoje em dia, com o avanço da tecnologia e do acesso à informação, os produtos de um mesmo segmento costumam oferecer benefícios parecidos. Natura e Avon, por exemplo, são marcas nacionais de cosméticos, com preços equivalentes e que oferecem aos seus consumidores boas formulações, feitas com tecnologia agregada e ingredientes de qualidade obtidos de uma cadeia de fornecedores social e ambientalmente responsáveis.

O que faz, então, uma pessoa se fidelizar a uma dessas marcas e não à outra? A resposta está no branding.

A partir do momento em que uma marca entende seus principais concorrentes, cria uma promessa valiosa e cultiva a sua história, ela encontra a sua essência, a imprime na sua comunicação verbal e visual e passa a promover conexões verdadeiras com seu público, atraindo pessoas que acreditam nas mesmas coisas que ela.

Embora a Avon também tenha uma política de responsabilidade ambiental bem estruturada, sua essência não está conectada à sustentabilidade, mas sim no empoderamento feminino. Assim como a Natura também tem uma política de empoderamento feminino, mas está apoiada na responsabilidade social, por exemplo, para firmar sua identidade.

São marcas que, graças a um branding bem-feito e cheio de intencionalidade, criaram uma identidade tão própria a ponto de não serem trocadas por seus concorrentes, mesmo que eles tenham pontos físicos no mesmo shopping, preços similares e produtos que oferecem benefícios parecidos.

Quem não constrói marca desde o princípio, precisa se apoiar na diferenciação de preço e produto. Quem constrói fideliza por sua história e seus valores; aspectos que vão muito além da funcionalidade e da economia, porque estão baseados numa camada mais profunda de identificação e conexão emocional.

2. CONSTRUÇÃO DA REPUTAÇÃO CORPORATIVA

No Brasil, 67% dos jovens pertencentes à geração Z valorizam marcas preocupadas com questões ambientais e sociais, como mudanças climáticas, desigualdade econômica, combate ao racismo e equidade de gênero. É o que aponta o estudo

"Edelman Trust Barometer 2022", desenvolvido pela agência global de comunicação Edelman.[16]

Outro estudo, desta vez conduzido pela empresa de pesquisa Ipsos em parceria com o Instituto Ayrton Senna, indicou que 78% dos consumidores esperam que as empresas contribuam mais para a sociedade hoje do que contribuíram no passado.[17] Além disso, dados da pesquisa TIP, realizada pela agência de branding Ana Couto e pela agência de pesquisa de mercado Officina Sophia, mostram que 67% das pessoas estão dispostas a pagar mais por produtos de empresas que compartilham valores e crenças em comum.[18]

---

[16] EDELMAN. **Relatório especial Edelman Trust Barometer 2022**: a nova dinâmica da influência. São Paulo: Edelman Brasil, 2022. Disponível em: https://www.edelman.com.br/sites/g/files/aatuss291/files/2022-09/2022%20Edelman%20Trust%20Barometer%20Special%20Report%20The%20New%20Cascade%20of%20Influence_Brazil%20Report%20with%20Global_POR.pdf. Acesso em: 12 fev. 2024.

[17] 78% DOS BRASILEIROS esperam que as empresas contribuam mais em causas. **Instituto Ayrton Senna**, 8 set. 2020. Disponível em: https://institutoayrtonsenna.org.br/78-dos-brasileiros-esperam-que-as-empresas-contribuam-mais-em-causas/. Acesso em: 12 fev. 2024.

[18] CONEXÕES com propósito. **Meio & Mensagem**, 17 maio 2016. Disponível em: https://www.meioemensagem.com.br/marketing/conexoes-com-proposito. Acesso em: 12 fev. 2024.

Todos esses dados convergem para um único ponto: a importância de se construir uma marca com propósito e que zele pela própria reputação corporativa.

E por mais que os números sejam fundamentais para que possamos provar nossos pontos, basta um olhar mais cuidadoso aos movimentos de consumo para perceber que as pessoas estão cada vez mais atentas e cobrando das empresas transparência e ética com relação aos processos produtivos, às matérias-primas, aos posicionamentos ideológicos, ao desenvolvimento socioambiental e às relações de trabalho.

O que parece ser um comportamento natural da geração Z também vem se multiplicando entre as gerações X e Y, que, juntas, compreendem os indivíduos nascidos entre meados da década de 1960 até o ano de 2010 e compõem, portanto, toda a população economicamente ativa do planeta.

Isso nos evidencia que as marcas com valores bem definidos e que defendem causas relevantes tendem a ter resultados financeiros melhores. Ou seja, não é apenas uma questão do impacto que a empresa provoca na sociedade e no planeta: é também uma questão de lucratividade. Um jogo de ganha-ganha, onde todos os agentes são beneficiados.

Além da preferência do consumidor, marcas com boa reputação também atraem os olhares dos investidores. Em rodadas de captação de recursos, um dos pontos avaliados por quem está disposto a aportar dinheiro em novos negócios é o *valuation*, ou, no bom português, a valoração, que leva em consideração não só o caixa atual da empresa, mas o fluxo de receitas que ela pode gerar no futuro. Quanto mais sólida a marca, maior a probabilidade de ela ser cada vez mais rentável futuramente. Muitas vezes, o investidor nem considera aquele negócio tão inovador assim, mas, conquistado pela credibilidade da marca e pelo poder que ela tem de engajar sua comunidade, avalia que o investimento vale a pena.

Empresas com boa reputação corporativa também têm mais facilidade de se consolidarem como marcas empregadoras, ou seja, percebidas como bons lugares para se trabalhar e, portanto, mais aptas a atrair e reter grandes talentos que, com o tempo, naturalmente se tornam embaixadores das marcas que representam.

Segundo pesquisa divulgada em 2022 pela empresa global de recrutamento Robert Half, o Brasil é o país com maior índice de rotatividade de funcionários (*turnover*) no mundo. Em 2021, 48% dos desligamentos aconteceram a pedido dos colaboradores.[19] A principal causa alegada? Clima organizacional ruim, um aspecto de gestão e cultura que é reflexo do posicionamento da marca.

Vale lembrar que o *turnover* traz prejuízo para as companhias, uma vez que elas precisarão investir para atrair novos talentos, arcar com os custos da demissão, pagar pelo treina-

---

19   TURNOVER, o índice de rotatividade que vem impactando as empresas. G1, 3 dez. 2022. Disponível em: https://g1.globo.com/pr/parana/especial-publicitario/pos-pucpr-digital/voce-no-futuro/noticia/2022/12/03/turnover-o-indice-de-rotatividade-que-vem-impactando-as-empresas.ghtml. Acesso em: 12 fev. 2024.

mento dos novos contratados e contornar o desgaste de produtividade e da imagem interna, antes que a questão extravase os muros da empresa.

Portanto, se você quer evitar algumas das principais preocupações das empresas – tais como dificuldade de fidelizar o cliente, baixo valor de mercado e alta rotatividade de funcionários –, invista desde já na construção de uma marca sólida.

3. OTIMIZAÇÃO DAS VERBAS DE MARKETING

Por trás de toda e qualquer ação que uma marca realiza, há uma decisão consciente que é tomada com base no significado que ela quer ter no mercado e no espaço que quer ocupar na mente e no coração dos consumidores. A junção entre o significado e a ação é o que chamamos de intencionalidade. Conforme essa intencionalidade vai sendo reforçada, a marca vai se tornando sólida, confiável e conhecida. Nesse patamar, ela já não precisa mais convencer as pessoas a respeito de quem ela é e das coisas nas quais ela acredita, isso se torna evidente em cada iniciativa, em cada comunicação. E, assim, arraigada nessa convicção a respeito de si própria, ela passa a gerar uma identificação genuína com seu público, que, em vez de ser composto simplesmente por consumidores, passa a ser composto por fãs. Por pessoas que estão dispostas a pagar mais só para continuar fazendo parte daquela comunidade. Por verdadeiros advogados da empresa, que falam bem dela nas redes sociais e a recomendam para amigos e familiares.

Este é o ciclo da lealdade: quando o crescimento de uma marca é motivado mais pela força do endosso e da confiança do que pela capacidade financeira que ela tem de investir em marketing. Assim, ela pode alocar recursos em novos produtos e novas tecnologias, no apoio a causas socioambientais, em uma operação mais sustentável, no desenvolvimento de parcerias ou *collabs* com outras marcas... Ou seja, ela deixa de correr atrás de clientes e passa a se aprimorar cada vez mais, tornando-se ainda mais atrativa para o seu público.

A jornada de decisão do consumidor, um diagrama desenhado inicialmente pela consultoria global de gestão McKinsey & Company e posteriormente popularizado por todo o universo do marketing, compreende cinco etapas: o gatilho que desperta na pessoa a necessidade de consumir, o conjunto inicial de marcas a serem consideradas, a busca de informações para a tomada de decisão, o momento de compra e, por fim, a experiência pós-compra.[20]

Uma vez que o consumidor se torna fiel à marca, ele não percorre mais esse ciclo inteiro quando precisar comprar de novo. Do gatilho de consumo, ele avança direto para a compra, mesmo que precise de um produto diferente daquele que comprou da primeira vez. Se eu adquiro um smartphone de determinada marca e me sinto satisfeito com a experiência, é

---

20   O NOVO campo de batalha para o crescimento liderado pelo marketing. **McKinsey & Company,** 24 fev. 2017. Disponível em: https://www.mckinsey.com/capabilities/growth-marketing-and-sales/our-insights/the-new-battleground-for-marketing-led-growth/pt-BR. Acesso em: 12 fev. 2024.

provável que recorra a ela novamente para comprar uma máquina de lavar ou uma televisão, por exemplo.

Você pode estar se perguntando:

— Galileu, quanto tempo leva para que a minha marca conquiste a lealdade do público?

Embora eu possa assegurar que nenhuma marca consegue ser vista como confiável da noite para o dia, não consigo precisar o intervalo de tempo necessário para que isso aconteça. Por isso, devolvo uma outra pergunta: quanto tempo você leva para confiar em alguém?

Perceba que o processo de conquistar confiança pode ser mais ou menos veloz, dependendo da maneira como a pessoa ou a marca se comportam e dos insumos que elas lhe fornecem para provar que são confiáveis. Quanto mais insumos – como boas avaliações na internet ou endosso de influenciadores, por exemplo, no caso das marcas – mais rapidamente a confiança se constrói.

AMPLIE SEU CONHECIMENTO

Quer saber mais sobre os três principais benefícios de fazer branding desde o começo da marca? Então sugiro que você escute os seguintes episódios do meu podcast *Branding em Tudo*, disponível nas principais plataformas de áudio:

Episódio #012: Como marcas podem ter posicionamentos fora do comum? (com Fernando Andreazi, cofundador do estúdio Rebu).
Episódio #017: Construa uma experiência de marca (com Igor Gaelzer, fundador da Nordweg).
Episódio #033: Uma marca criada com 12 anos de idade (com Isabela Matte).
Episódio #067: Como começar: uma marca sem dinheiro.

6

Branding não é o que te ensinaram

Eu tenho um podcast. Mais do que um canal digital que me permite manter contato semanal com o meu público, ele vem se tornando, cada vez mais, uma realização profissional. Convidados que são referência no mercado, conversas aprofundadas sobre o mundo das marcas e um índice médio de retenção de 60% por episódio são alguns dos fatores que tanto me orgulham no meu podcast.

    O nome dele? *Branding em Tudo*. Porque o branding está em tudo. É fato. Provavelmente, em algum momento da sua jornada como empreendedor ou gestor de marcas, alguém lhe ensinou, ou você leu em um site de confiabilidade duvidosa, que branding é sinônimo de identidade visual. Criou um logo, definiu uma paleta de cores, adicionou uns elementos gráficos e aplicou tudo isso aos posts da sua marca no Instagram? Pronto, você fez o branding.

Acontece que, apesar de popular, essa é uma visão bastante equivocada.

— O que mais é branding então, Galileu? — Você pode estar se perguntando. — O tom de voz, a linguagem, os canais de comunicação?

Também, mas não só. Identidade visual e textual são apenas uma pequena parcela de todas as coisas que o universo fascinante do branding engloba. Afinal, branding é tudo. E quando eu falo "tudo", não estou sendo exagerado nem simplista. Os garçons do Outback, quando cantam aquele parabéns espalhafatoso para os clientes aniversariantes, estão fazendo branding. As comissárias de bordo da LATAM, quando usam um lencinho azul e vermelho amarrado ao pescoço, estão fazendo branding. O jurídico da Localiza, quando lhe envia um contrato de três páginas em vez de um de oitenta após a locação de um carro, está fazendo branding. A área de desenvolvimento de produto da Natura, quando se esforça para conseguir a certificação da PETA (People for the Ethical Treatment of Animals, pessoas pelo tratamento ético dos animais, em tradução livre), está fazendo branding.

Se você, porém, não está satisfeito com essa explicação de um profissional que declaradamente enxerga branding em tudo, deixo-lhe com os acadêmicos e escritores Philip Kotler e Kevin Lane Keller, dois dos maiores nomes da história do Marketing. Segundo eles, "branding significa dotar bens e serviços com o poder de uma marca".[21]

---

21 KOTLER, P.; KELLER, K. **Administração de marketing.** São Paulo: Pearson Education do Brasil, 2018. p. 330.

Em outras palavras, qualquer tipo de coisa que acrescente valor a um produto é branding. Recursos, como embalagens e catálogos de produtos; estratégias, como valores e posicionamento de mercado; iniciativas, como parcerias e patrocínios; comportamentos, como atendimento em loja e suporte pós-vendas: tudo isso compõe o branding de uma empresa.

Que, vale lembrar, é um ato contínuo de gestão. Começa ali, no nascimento da marca, e deve acompanhá-la por toda a sua existência. De nada adianta concentrar todos os esforços e direcionar uma vastidão de recursos na hora de criar uma marca fantástica, se esses esforços e direcionamento de recursos não forem praticados sempre e para sempre.

E é aí que está o maior desafio de se fazer branding: continuar promovendo iniciativas que adicionem valor à marca através do tempo. Um feito que só pode ser cumprido pelas marcas que sabem muito bem quem são e que agem com intencionalidade para chegar aonde querem. Que entendem a necessidade do consumidor e como ele gostaria de ser tratado, para então desenhar experiências, produtos e serviços que o satisfaçam de maneira intencional.

Eu costumo dizer que branding é também a adição de cuidado em tudo o que se faz em nome de uma marca. E aqui, vou trazer um exemplo bastante pessoal e recente.

Em agosto de 2023, eu tive o prazer de chegar à décima primeira edição do Branding de Perto (BDP) Imersão, o curso mais completo que ofereço na Galileo Branding. Apesar de eu já estar escolado em ministrar as aulas do BDP, dessa vez, havia uma novidade importante que estava me deixando um tanto quanto ansioso: a décima turma seria a primeira no formato presencial. Depois de mais de três anos de pandemia da covid-19, eu finalmente teria a oportunidade de olhar nos olhos de cada um dos meus alunos. De conversar pessoalmente com eles. De entender por que alguns deles cruzavam o país, vindos de estados distantes como Acre e Pernambuco, somente para assistir ao meu curso em São Paulo. De sentir a energia de uma sala de aula lotada.

Como um especialista em branding que acredita que o branding é adicionar cuidado à jornada do cliente, eu precisava proporcionar aos meus alunos a melhor experiência possível. A cada decisão que eu precisava tomar, eu me perguntava: o que eu gostaria de receber ao investir num curso como esse? O que eu esperaria como aluno? Conteúdo de qualidade, ensinado com didática e paixão, é óbvio. Mas, além disso, eu também gostaria que o curso acontecesse num local acessível, perto de uma estação de metrô. Que não houvesse nenhum tipo de burocracia na recepção e no credenciamento. Que eu pudesse encontrar a sala de aula com rapidez. Que eu recebesse um brinde e tomasse um bom café da manhã para me sentir cuidado. Que a imagem e o som fossem transmitidos em alta qualidade.

Em resumo, eu esperaria excelência. E foi a isso que me dediquei para entregar aos meus alunos, mesmo que, muitas vezes, eu esbarrasse em questões de custo que me fizessem querer recuar. Nessas horas, eu me lembrava das minhas próprias palavras: construir marca não é barato. É um investimento que se faz agora para não precisar recorrer a descontos e promoções que prejudiquem a rentabilidade e a sustentabilidade da empresa no futuro. É um esforço que acaba sendo recompensado quando os consumidores notam o carinho por trás de cada entrega, entendem que aquilo vale até mais do que o que está sendo cobrado, compram novamente e recomendam aquela experiência para outras pessoas.

Investir em branding é, portanto, dar razões para o seu cliente escolher você, e não o seu concorrente, sem precisar se diferenciar por custo.

Nesse aspecto, as marcas de luxo são uma grande fonte de inspiração. Uma bolsa pequena da Chanel, por exemplo, pode custar mais de R$ 40 mil. Mas quem entra numa loja da Chanel jamais barganha, porque acredita, desde muito antes de passar pela porta, que os atributos da marca, e principalmente o status que ela confere a quem a usa, justificam aquele preço. Já as pessoas que acham a bolsa da Chanel cara demais e acreditam que não há o que justifique o preço nem sequer entram na loja. Afinal, não é com elas que a marca se comunica. Não é a elas que a marca pretende atingir. E está tudo bem para ambas as partes: para a Chanel, que segue em frente com a clareza de quem é e do seu público de interesse; e para quem não compra Chanel e encontra no mercado outras alternativas que lhe valem mais a pena.

Há que se considerar, porém, que a Chanel existe desde 1910. São mais de cem anos fazendo branding, com a consciência de que é preciso muito, mas muito mais do que um logo bonito. A mandala a seguir ilustra todos os pontos que estão contemplados na gestão de uma marca.

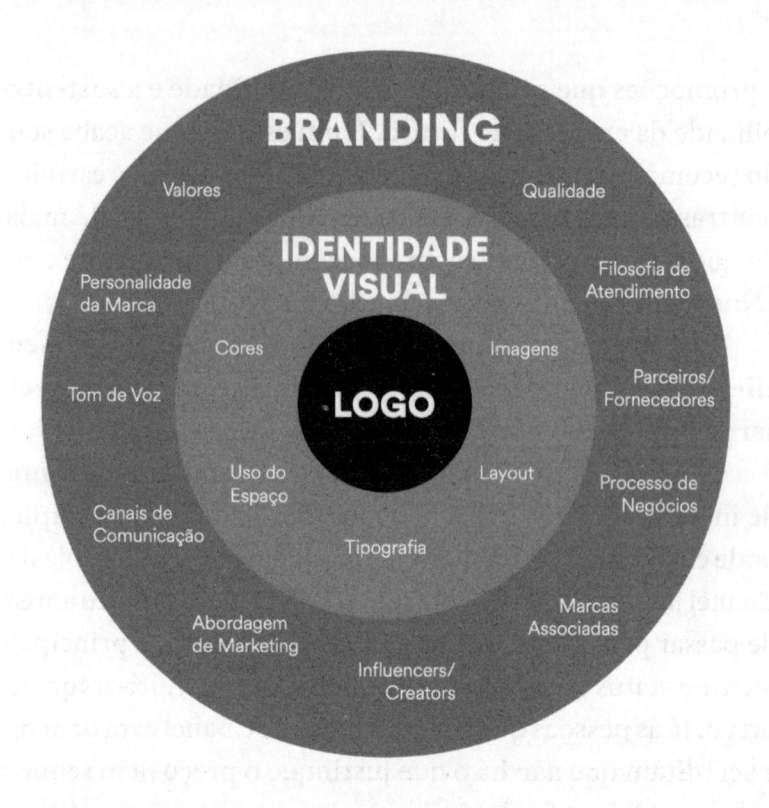

BRANDING
- Valores
- Qualidade
- Personalidade da Marca
- Filosofia de Atendimento
- Tom de Voz
- Parceiros/Fornecedores
- Canais de Comunicação
- Processo de Negócios
- Abordagem de Marketing
- Marcas Associadas
- Influencers/Creators

IDENTIDADE VISUAL
- Cores
- Imagens
- Uso do Espaço
- Layout
- Tipografia

LOGO

Mais do que serem convincentes, todos esses pontos precisam de coerência entre si para que a empresa evite cair no que chamamos de dissonância cognitiva. Se uma marca diz que preza pela simplicidade, mas obriga o consumidor a ler um contrato de oitenta páginas antes de fechar um serviço, ela não é simples, e está sendo dissonante.

— Ah, mas o universo jurídico é assim mesmo, complexo e prolixo. — A gente costuma pensar.

Porém, uma marca que tem a simplicidade como atributo precisa fazê-la transparecer em todas as suas atitudes. Afinal, o branding transcende o produto. Não importa qual a área:

atendimento ao cliente, UX, jurídico, RH, comunicação, engenharia, melhoria contínua, parcerias... todas elas devem estar alinhadas e agir com simplicidade para reforçar a imagem que a marca quer imprimir no mercado.

Manter essa consistência não é fácil, mas é possível se a gente tomar cada decisão com o máximo de atenção possível. Aqui, trago mais uma vez o exemplo da Natura, que é uma marca reconhecida por valorizar a sustentabilidade e o meio ambiente. Isso se reflete na arquitetura das lojas, no reuso da água da chuva nas unidades fabris, nas embalagens produzidas com papel ou plástico reciclado, na comercialização de refis, na cadeia de fornecedores certificados, na ausência de testes em animais, nas instituições apoiadas: em suma, em todas as atitudes que a marca toma, sejam elas visíveis ou não ao público.

É por isso que eu já disse e volto a dizer: branding é um processo contínuo, que exige vigilância a todo momento e que sempre nos leva de volta às mesmas perguntas: que experiência eu quero gerar para o meu consumidor? De que maneira eu quero ser visto por ele e pelo mercado?

Recentemente, quando fui fazer o curso de extensão "Disney's Approach to Leadership" no Disney Institute em Orlando, aprendi que até hoje eles não tomam nenhuma decisão sem antes pensar em qual seria a postura de Walt Disney, criador da marca, diante de cada situação. Confesso que, num primeiro momento, achei um pouco obsessivo. Porém, depois de um pouco de reflexão, percebi que é só assim que eles conseguem entregar a experiência mais encantadora possível para os clientes mesmo nas situações mais adversas, como quando o furacão Sandy os obrigou a fechar os parques e, além de devolverem o valor do ingresso para as pessoas que já estavam lá, conseguiram mantê-las entretidas com apresentações musicais, interações com os personagens e exibição de filmes nos hotéis onde seus clientes estavam hospedados.

Empresa que faz um bom branding é aquela que é 100% fiel ao seu próprio manual de marca.

AMPLIE SEU CONHECIMENTO

Para continuar aprendendo sobre o tema, você pode escutar os seguintes episódios do meu podcast *Branding em Tudo*, disponível nas principais plataformas de áudio:

Episódio #BrandingEm10: 5 livros sobre branding pra você ler já.

Episódio #033: Uma marca criada com 12 anos de idade (com Isabela Matte).

7

Os estágios de uma marca

Nascer, crescer, morrer. Infância, adolescência, vida adulta. Ensino Fundamental, Ensino Médio, faculdade. Apaixonar-se, namorar, casar.

Nossa vida é repleta de etapas. Assim como num jogo de video game, precisamos cumprir a anterior para só então avançar para a próxima. Embora a ansiedade geralmente nos coloque na posição de vislumbrar o destino sem aproveitar a jornada, na maioria das vezes não há o que fazer a não ser seguir a trilha necessária para chegar lá. A maturidade de todas as coisas requer paciência.

No universo do branding não é diferente. Não há uma marca sequer na história da humanidade que tenha alcançado a preferência de um consumidor sem antes se tornar conhecida dele e considerada por ele. Todas as marcas que hoje ocupam o coração do público já tiveram, no passado, que mostrar a que vieram e ocupar, a princípio, a mente e o coração das pessoas.

Assim como os estágios da vida, os estágios de marca são inegociáveis. E para que você tome atitudes coerentes como um gestor de marca, faça um bom uso dos seus recursos e consiga direcionar o crescimento do seu negócio, é imprescindível conhecê-los.

Certa vez, uma marca de cosméticos me contratou com a seguinte preocupação: já estamos no mercado há mais de cinco anos, e nossas vendas estagnaram. Queremos ajuda para nos reposicionar, gerar mais engajamento e ser amados pelos nossos consumidores.

Pois bem. Essa é uma necessidade típica de uma marca que está no estágio de consideração, como vamos ver nas próximas páginas. Porém, quando comecei a estudar sobre a empresa contratante, percebi que ela não era conhecida pelo público de interesse da marca, ou seja, nem sequer havia cumprido o primeiro estágio. Apesar de ter cinco anos de existência e produtos de qualidade, a marca não investia em comunicação. Assim, a estagnação nas vendas não era porque as pessoas achavam os produtos ruins ou caros, mas simplesmente porque elas nem sabiam que eles existiam.

Para evitar que você incorra no mesmo erro da marca de cosméticos, este capítulo vai ensinar exatamente o que é cada um dos três estágios, a identificar em qual deles a sua marca se encontra e o que você precisa fazer para levá-la para o próximo.

Mas antes de nos aprofundarmos nisso, vamos falar do momento que precede o primeiro estágio. Do que vem antes mesmo do começo. Do *big bang*, da explosão inicial, da origem de tudo: o negócio.

Antes de uma marca existir, um negócio precisa nascer. A empresa precisa ser registrada, o produto precisa ser desenvolvido, os públicos de interesse precisam ser determinados, quais dores precisam ser resolvidas, o ticket médio precisa ser estipulado e tantas outras coisas. Ter tudo isso bem estruturado é o primeiro passo para que você possa, então, criar uma marca. Afinal, a marca nada mais é do que um ativo intangível da sua empresa. Uma derivação dela, que vai ajudá-la a chegar até pessoas que podem ter seus problemas resolvidos caso paguem pelas soluções que ela oferece.

Por isso, se você ainda não tem clareza sobre o seu negócio, pare e invista tempo, energia e dinheiro nisso. Entenda quais são os benefícios que o seu produto oferece, encontre os diferenciais que podem fazer seu cliente preferir você à concorrência, tenha um modelo de negócios bem desenhado, contemplando as atividades que você exerce, os parceiros dos quais precisa e com os quais pode contar, a proposta de valor que você oferece, os recursos que tem, o segmento em que atua, a maneira como se relaciona com os seus clientes, por quais canais esse relacionamento acontece, quanto o seu negócio custa e de onde ele vai tirar a renda necessária para continuar existindo nos próximos meses.

Não sossegue enquanto não encontrar respostas convincentes para todas as perguntas sobre o seu negócio que ainda continuam pairando no ar.

Um dos maiores problemas dos empreendedores é começar sem ter clareza sobre o que a sua empresa é e o que ela pode oferecer ao público. Isso dificulta muito o desenvolvimento da marca, que, nesses casos, costuma se apoiar em atributos muito genéricos, tais como "produto de qualidade" e "bom atendimento" e, dessa forma, não consegue gerar diferenciação nem impacto num mercado de concorrência voraz. Mercado esse que, por sinal, precisa ser mapeado com atenção para que o empreendedor saiba em quais águas está entrando.

E caso não saiba responder a todas essas perguntas sozinho, contrate um consultor de negócios para ajudar você. Converse com outros empreendedores para entender o caminho que eles percorreram. Consuma conteúdos que ensinem estruturação de negócios. Escute as derrotas e vitórias das pessoas que já estiveram no lugar onde você está hoje. Poucas coisas no mundo são mais inteligentes do que aprender com os erros dos outros.

Tendo seu negócio bem estruturado, é hora de enfim começar a pensar na marca, que obrigatoriamente vai passar por todos os seguintes estágios antes de se tornar uma *love brand*: *awareness* ou conhecimento, consideração e preferência. Vamos, agora, nos aprofundar em cada um deles.

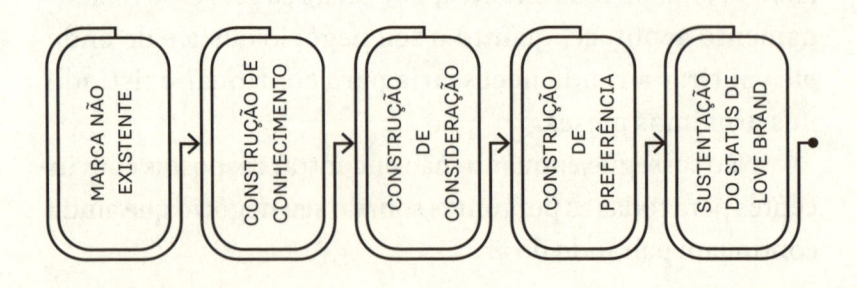

MARCA NÃO EXISTENTE → CONSTRUÇÃO DE CONHECIMENTO → CONSTRUÇÃO DE CONSIDERAÇÃO → CONSTRUÇÃO DE PREFERÊNCIA → SUSTENTAÇÃO DO STATUS DE LOVE BRAND

AWARENESS OU CONHECIMENTO DE MARCA

Pense que você acabou de criar a sua própria empresa. Desenvolveu bons produtos, montou um site apresentando o seu negócio e estabeleceu um ponto de vendas físico ou digital. Não importa se você é um empreendedor por necessidade ou se está seguindo seu sonho, a próxima coisa que precisa fazer é vender. Colocar a roda pra girar. Ver o dinheiro entrar. E só há uma maneira disso acontecer: fazendo com que o seu público de interesse conheça a sua marca, os diferenciais dela e os benefícios que ela tem a oferecer.

Esse é o momento de investir em marketing e comunicação, elaborando campanhas e fazendo tráfego pago para tornar a marca conhecida. É a hora de estampar a sua marca em lugares de relevância e que alcancem muitas pessoas, para que o público passe a conhecer as suas soluções, vá até o seu site ou a sua loja física e resolva comprar os seus produtos para experimentar o que você tem a oferecer. O grande desafio desta fase do jogo é espalhar a sua mensagem.

O problema é que boa parte das marcas que estão nesse estágio não se enxergam nele. Por já existirem há alguns anos, acham que são conhecidas. Ou então acreditam que, em função do produto ser bom, ele vai se vender sozinho, ser descoberto por alguém de influência, ser recomendado e se tornar viral, crescendo organicamente.

Doce ilusão. Num cenário de concorrência acirradíssima, em que os registros de marca cresceram 41% em apenas dois anos e o consumidor é bombardeado por milhares de anúncios todos os dias, é quase ingenuidade acreditar que é possível ultrapassar o estágio de conhecimento de marca sem investir em comunicação. Portanto, em vez de esperar a sorte grande, faça a sua parte, antes que o seu concorrente faça a dele.

CONSIDERAÇÃO

Ok, você se convenceu da necessidade de investir em comunicação e marketing, espalhou a sua mensagem para milhares de pessoas, transformou a sua empresa em uma alternativa conhecida no seu mercado e, assim, passou para a próxima fase do jogo: a etapa de consideração.

Geralmente, as marcas que estão nesse estágio já são conhecidas pelo público, já possuem uma grande base de clientes, já investem em comunicação on-line e off-line e já têm uma presença forte no mercado. O problema fica por conta da estagnação no faturamento. É muito comum ouvir dessas marcas uma queixa mais ou menos como a seguinte: *tenho um produto similar ao do meu concorrente, e as pessoas estão preferindo comprar dele. Como posso resolver isso?*

Em outras palavras, como conseguir ser considerado pelo consumidor? Como fazê-lo escolher você, em detrimento da concorrência?

Para responder a essa dúvida, devemos nos aprofundar em como funciona a cabeça de uma pessoa na hora de comprar um produto. Vamos supor que você está se mudando de casa e tenha decidido que é o momento de trocar de televisão. Na sua cabeça, há alguns requisitos básicos que a nova televisão precisa ter: 55 polegadas, porque é o tamanho ideal pra sua sala; conectividade com dispositivos como video game, porque você adora jogar um joguinho no tempo livre; cor prateada, para combinar com a decoração que você já comprou.

Esses são os atributos funcionais do produto. Importantíssimos, porém, já não garantem diferenciação. Num mundo em que as marcas têm acesso praticamente às mesmas tecnologias, elas conseguem entregar benefícios muito parecidos. O que significa que tanto a LG quanto a Samsung, a Philips, a AOC e a Panasonic vão oferecer televisores com todas as características que você procura e a um preço similar.

Qual será, então, o pulo do gato para você decidir entre uma dessas marcas, já que, na prática, as ofertas são basicamente as mesmas?

É aí que avançamos para a segunda camada na nossa lógica de decisão. Quando escolhe uma marca porque ela transmite confiança, fabrica produtos que duram muito tempo e entende as necessidades do consumidor, você está considerando atributos emocionais, ou seja, que estão no campo imaginativo. É claro que essas percepções não vieram do nada, normalmente são suscitadas por *reviews*, recomendações e pela maneira como a marca se comunica com seu público.

A comunicação, portanto, continua sendo essencial para que uma marca avance de fase. Só que, aqui, não faz sentido nenhum simplesmente estampar o logo em mídias de grande alcance, afinal, os consumidores já sabem que a marca existe. O que eles não sabem é por que ela merece ser considerada, em detrimento da concorrência. Então, a estratégia de comunicação deve se basear em analisar como os atributos da marca são percebidos pelos consumidores, entender quais deles o público realmente valoriza e em quais a empresa não tem um desempenho tão bom e colocar em prática campanhas que construam na mente do público a percepção que se deseja.

Quando uma marca resolve oferecer garantia vitalícia para um produto e constrói uma campanha de comunicação forte para fixar essa mensagem, por exemplo, ela está construindo os atributos de segurança e confiança (emocionais) que estimulam o consumidor a pensar que aquele produto realmente deve ser excelente e que, se um dia precisar de qualquer reparo ou substituição, ele pode confiar que isso vai acontecer. Ou seja, com esse atributo, você já começa a construir uma percepção de marca que traz diferenciação e, na hora de decidir entre duas marcas conhecidas, o consumidor já tem uma razão clara para escolher você, e não seu concorrente.

Ser conhecido não significa ser comprado. Mais do que isso: você precisa ser bem falado e lembrado pelos motivos certos.

PREFERÊNCIA

Graças ao poder da comunicação, você já espalhou sua mensagem para milhares de pessoas, transformou sua empresa em uma alternativa conhecida no seu mercado, entendeu como ela é vista pelos seus públicos de interesse, mirou em como você realmente quer que ela seja percebida e atingiu a terceira fase do jogo: a preferência.

Nesse estágio, você e seu concorrente estão praticamente em pé de igualdade, e é justamente por isso que a disputa se torna tão acirrada. Aqui, cada milésimo de segundo conta.

Quem sairá na frente na tarefa de se tornar a marca preferida do consumidor?

Aquele que melhor reforçar a conexão emocional com o cliente, que desenvolver iniciativas mais eficazes na construção de lealdade e, na prática, conseguir fazê-lo voltar mais uma vez. E mais outra. E mais outra.

Não se trata mais de um jogo de acertos, mas talvez de um jogo de falhas. Se você, assim como eu, viveu os anos 1990, sem dúvida, conhece a M. Officer. Era uma marca presente em diversos shoppings do país, com lojas grandes e que comercializavam roupas que eram objeto de desejo de jovens adultos. Estava muito longe de ser uma marca de luxo, mas transmitia um certo status: o de quem está na moda e acompanha as tendências.

Atualmente, porém, a marca entrou com um pedido de recuperação judicial. E não precisa ser especialista ou extremamente antenado no mundo dos negócios para perceber que isso poderia acontecer. Há alguns anos, a marca está praticamente extinta dos grandes centros comerciais: hoje, são apenas doze lojas em todo o Brasil.[22] Enquanto seus concorrentes se esforçaram para construir lealdade através de uma estratégia de branding conectada à era digital, a M. Officer parece ter

---

22 M.OFFICER entra em recuperação judicial, com dívidas de R$ 53,5 milhões. **InfoMoney**, 12 set. 2023. Disponível em: https://www.infomoney.com.br/business/m-officer-entra-em-recuperacao-judicial-com-dividas-de-r-535-milhoes/. Acesso em: 13 fev. 2024.

parado no tempo. Não se renovou, não levantou pautas, não defendeu causas, não inovou nos produtos, não contemplou a natural mudança de estilos de uma época para a outra, não se comunicou com as novas gerações e, portanto, não conseguiu ser nem sequer considerada por ela – quanto menos preferida.

Na contramão, há o exemplo da Havaianas. A marca, que nasceu como uma fabricante de um simples chinelo de borracha, hoje consegue ser objeto de desejo Brasil afora. O design das sandálias avançou, não só na variedade de estampas como também nas modelagens. As colaborações com outras marcas, como a Disney, permitiram o lançamento de coleções icônicas. O investimento em inovação se refletiu no desenvolvimento de outros produtos, como bolsas e camisetas. A comunicação reforçou o posicionamento da marca como genuinamente brasileira, levando para o mundo a nossa alegria e o nosso jeito relaxado de levar a vida. As lojas, do ponto de vista de arquitetura, se renovaram e se tornaram ambientes agradáveis que contribuem para promover a experiência de comprar Havaianas, e de ser brasileiro.

O segredo, aqui, portanto, é se manter atento ao espírito do tempo para se adaptar e continuar relevante. O mundo muda. As marcas também precisam mudar.

ESTÁGIO BÔNUS: *LOVE BRAND*

Depois da preferência, ainda há mais um estágio a ser alcançado: o das *love brands*.

Alcançar esse status é como estar no Olimpo das marcas: é o lugar de mais alto privilégio que uma marca pode alcançar na mente e no coração de seus consumidores. Mais do que meros compradores, as *love brands* têm fãs que as defendem e as recomendam com paixão para outras pessoas.

Um dos exemplos mais emblemáticos de *love brand* é a Apple. Filas quilométricas no lançamento de novos modelos de iPhone. Usuários que não se incomodam de ter que comprar acessórios que não serão compatíveis com mais nenhum dispositivo. Comunidades que se conectam entre si para trocar informações sobre a marca. Um criador que continua vivo no coração das pessoas, mesmo mais de uma década após sua morte, Steve Jobs partiu em 2011.

Se a Apple lançar um chuveiro, mesmo sem ter qualquer experiência com esse tipo de produto, o consumidor da marca compra, com a certeza de que vai ter em casa o melhor chuveiro do mundo. É isto que uma *love brand* desperta em seu público de interesse: confiança absoluta, paixão intensa, senso de pertencimento.

É importante reforçar, porém, que o jogo não está ganhado nem mesmo para elas. Assim como toda e qualquer marca, *love brands* precisam fazer um exercício consciente de renovação. Na atual conjuntura, em que marcas novas e produtos disruptivos chegam ao mercado com frequência, o único jeito de se manter relevante é investindo em uma comunicação que reforce seus atributos, que esteja conectada às tendências e que seja veiculada em canais de grande alcance.

Como falei anteriormente, construir marca é ato contínuo e esforço constante. E reconhecer o estágio da sua é essencial para que empreenda esse esforço no sentido correto.

Para finalizar esse assunto, quero compartilhar uma experiência bastante ilustrativa sobre uma tomada de decisão que se baseou no estágio da marca.

Quando eu trabalhava na 99, recebemos um pedido de patrocínio da Copa Libertadores da América, principal competição de futebol entre os times profissionais da América do Sul. Investiríamos uma quantia considerável de dinheiro e, em troca, teríamos a nossa marca exposta na televisão semanalmente, em veículos de grande audiência, para dezenas de milhões de brasileiros que provavelmente utilizam aplicativos de mobilidade urbana.

— Então quer dizer que vocês aceitaram a proposta, né, Galileu? — Você pode estar se perguntando.

Para a frustração dos apaixonados por futebol, a resposta é não: não aceitamos ser patrocinadores de um dos maiores eventos esportivos da América Latina. Antes que você julgue insanidade da nossa parte, eu explico: na época, a 99 já tinha quase 100% de conhecimento de marca, ou seja, quase todas as pessoas do nosso público de interesse já conheciam e sabiam o que a gente fazia. Éramos, portanto, uma marca que já havia ultrapassado o estágio de conhecimento e se encontrava no estágio de consideração.

Nesse cenário, não fazia sentido, para nós, gastar uma quantia milionária, que comprometeria quase metade do nosso orçamento de marketing do ano, para expor a marca na TV sem poder falar mais sobre os atributos dela. Teríamos o logo nas placas de campo e nos intervalos comerciais, além do direito de usar a imagem dos jogadores da Copa Libertadores nas nossas comunicações. Porém, não conseguiríamos construir as mensagens que precisaríamos construir.

Graças a pesquisas de saúde de marca realizadas junto aos nossos públicos de interesse, sabíamos que os consumidores achavam a 99 mais cara e menos segura que o Uber, além de considerarem nosso aplicativo complexo e de acreditarem que os nossos motoristas demoravam mais tempo para aceitar a corrida. Por isso, utilizamos a nossa verba de marketing para desenvolver e veicular uma campanha que desconstruísse essas crenças. Produzimos uma sequência de minifilmes para as redes sociais, cada um deles reforçando um atributo da marca: custo-benefício, segurança, conveniência, agilidade e um grande comercial de 30" que reunia todos os atributos, usando uma linguagem divertida e com uma mensagem fácil de entender.

Mesmo depois de toda essa contextualização, é provável que o patrocínio à Copa Libertadores da América brilhe mais os seus olhos do que uma série de vídeos para as redes sociais. Mas aqui fica a lição: bons gestores dão às suas marcas o que elas precisam, não o que eles querem dar.

AMPLIE SEU CONHECIMENTO
Para continuar aprendendo sobre o tema, você pode escutar os seguintes episódios do meu podcast *Branding em Tudo*, disponível nas principais plataformas de áudio:

Episódio #007: Construção de atributos de marca no BBB.
Episódio #060: Acabaram as *love brands* no Brasil?
Episódio #075: Estamos criando marcas memoráveis? (Beatriz Guarezi - Bits to Brands).

8

Entendendo a metodologia de construção de marca

Este capítulo é um divisor de águas.

Não que ele traga a reinvenção da roda ou alguma outra inovação imperdível. Mas literalmente divide o livro. Se até aqui conversamos sobre os desafios, a importância e os estágios da construção de marca, a partir de agora, vamos entrar em questões práticas, ou melhor, ainda mais práticas.

Nos próximos capítulos, você vai encontrar um passo a passo contemplando a estruturação do negócio, a criação de bons produtos, o mapeamento do mercado, a construção da plataforma de marca, o lançamento dela para o público e os esforços de manutenção de tudo o que você ergueu.

Tudo isso está organizado sob a lógica de uma metodologia que eu desenvolvi durante os meus catorze anos de experiência com branding, com o objetivo central de mostrar aos meus interlocutores, fossem eles clientes ou colegas de trabalho, que, não, construir marca não é bagunça.

Precificação, SEO, tráfego pago, análise de dados: são diversas as áreas do Marketing regidas por métodos que não dão muita margem para discussão. Você aplica as técnicas, chega aos resultados e é isso. Há ajustes e mudanças de rota, é claro, mas o caminho está dado.

Ao contrário do branding, que frequentemente incita resistência nas outras áreas de negócio. Branding é só fachada, branding é muito conceitual, branding é muito subjetivo, branding varia de acordo com a opinião do gestor da marca... Já ouvi tudo isso e mais um pouco ao longo da minha carreira.

Para driblar o desconforto que sempre batia quando eu ouvia esse tipo de comentário, comecei a trabalhar no desenvolvimento de uma metodologia que deixasse clara a lógica do branding e que apoiasse as minhas escolhas enquanto gestor de marca.

O principal autor em quem me inspirei foi David Aaker, acadêmico de Marketing que desenvolveu o Brand Identity System (sistema de identidade de marca, em português). O método consiste em um modelo que enfatiza a importância da identidade da marca e oferece um caminho para a construção de uma marca forte, com várias dimensões que não podem ser ignoradas no processo. Porém, quando ele foi desenvolvido, lá em 1998, o mundo era outro: a internet ainda não era acessível, as redes sociais nem sequer existiam e as compras e vendas eram realizadas em lojas físicas.

Por isso, senti a necessidade de fazer algumas adaptações ao modelo que Aaker propôs, atualizando-o e simplificando-o.

Acrescentei algumas dimensões pertinentes ao mundo digital e fugi de jargões e terminologias específicas, para evitar que as pessoas que não são da área ficassem confusas quando entrassem em contato com a minha metodologia. Afinal, o que eu queria era um apoio que me desse mais confiança na hora de apresentar as minhas escolhas e que também inspirasse mais confiança no público que receberia aquelas informações.

Além disso, a metodologia também acabou servindo para organizar as minhas entregas como consultor de branding. São cinco etapas, e cada uma delas precisa ser completada para que, só então, seja possível avançar para a próxima. Assim como as metodologias ágeis, a minha metodologia de construção de marca também é faseada, o que confere mais agilidade às entregas e mais simplicidade na hora de fazer eventuais ajustes.

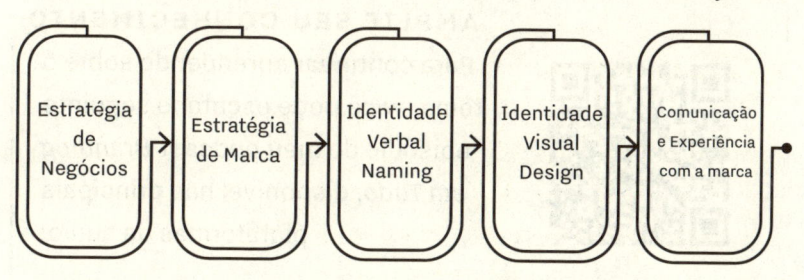

Estratégia de Negócios → Estratégia de Marca → Identidade Verbal Naming → Identidade Visual Design → Comunicação e Experiência com a marca

Colocando o processo de construção de marca, então, em uma ordem lógica e sequencial, temos a metodologia que usamos na Galileo Branding junto aos nossos clientes e que também é ensinada nos cursos BDP.

Começamos tendo uma clareza do negócio e sua estratégia de mercado, desenhamos como a marca irá se posicionar na mente e no coração do consumidor para só depois traduzirmos verbalmente e visualmente a forma como a marca irá se expressar. Ao final, com a plataforma da marca já desenhada, é que podemos definir quais são as mensagens de comunicação que serão transmitidas ao público, como também que tipo de ativações ou patrocínios, por exemplo, a marca deverá fazer para construir ou reforçar sua identidade no mercado.

O que você vai ver nas próximas páginas, portanto, é o resultado de muito estudo e muita reflexão, suscitados por algum grau de desconforto. Espero que, assim como aconteceu comigo, essa metodologia faça você se sentir mais confiante com relação às suas próprias ideias e escolhas no que diz respeito à criação e à gestão de marcas.

AMPLIE SEU CONHECIMENTO

Para continuar aprendendo sobre o tema, você pode escutar o seguinte episódio do meu podcast *Branding em Tudo*, disponível nas principais plataformas de áudio:

Episódio #BrandingEm10: Metodologia pra criação de marca

9

O primeiro passo:
ter um negócio estruturado

O que nasce primeiro: o negócio ou a marca?

Ao contrário do dilema do ovo e da galinha, que sempre gera discussões infundadas nas mesas de bar e nas redes sociais, nesse caso, a resposta é clara, simples e objetiva: o negócio precede a marca.

Toda marca existe para servir a um negócio, para endereçar as necessidades dele e para ajudá-lo a conversar com seus públicos de interesse. Uma marca de cosméticos veganos, por exemplo, vai ter muito mais aderência ao seu público se usar embalagens recicláveis, uma paleta de cores leves e que remetam à natureza, elementos textuais que evoquem questões como sustentabilidade e responsabilidade socioambiental e se oferecer serviços de entrega carbono zero.

E embora o poder do branding seja inegável no que diz respeito a elevar o alcance e o faturamento da empresa, ele não salva produto ruim ou negócio mal estruturado. Por isso, é fundamental ter clareza do negócio antes de qualquer coisa.

Quais produtos são o carro-chefe da sua marca e quais são seus principais benefícios?

_____
_____
_____

Quais são os diferenciais que você oferece em relação à concorrência?

_____
_____
_____

Quais atributos o consumidor valoriza na hora de escolher o seu tipo de produto?

_____
_____
_____

Qual o ticket médio da sua empresa? Quais os seus públicos de interesse?

_____
_____
_____

Essas são perguntas que devem ser respondidas com precisão. E o Business Model Canvas[23] é uma ferramenta que pode ajudar você a chegar às respostas certas. Criada pelo empresário e teórico de negócios suíço Alex Osterwalder entre 2006 e 2010, ela atua como uma fotografia da empresa e cobre as principais áreas de funcionamento do negócio: clientes, oferta, infraestrutura e viabilidade financeira.[24]

Lembra que, no capítulo 5, falamos de investimento de tempo, energia e dinheiro necessários para o negócio rodar? É aqui, preenchendo o seu Business Model Canvas, que você vai ter clareza do quanto será necessário investir em cada um desses pilares para que o seu negócio seja bem-sucedido e bem-estruturado.

No fim deste capítulo, você vai encontrar uma tabela do Business Model Canvas para ser preenchida. Para orientá-lo, porém, vou explicar a seguir cada um dos quadros que fazem parte do diagrama e trazer um exemplo de como preenchê-los. Vale lembrar que esse é um assunto mais relacionado à Administração de Empresas do que a Comunicação & Marketing. Portanto, se quiser se aprofundar no tema, vale recorrer a outras fontes de conhecimento.

Vamos lá?

---

23   OSTERWALDER, A.; PIGNEUR, Y. **Business model generation**: inovação em modelos de negócios. Rio de Janeiro: Alta Books, 2011.

24   BUSINESS model canvas: o que é e como me ajuda? **Use**, 16 ago. 2022. Disponível em: https://usemobile.com.br/business-model-canvas/. Acesso em: 14 fev. 2024.

PROPOSTA DE VALOR

Embora esse não seja o primeiro quadro do Business Model Canvas, deve ser preenchido o quanto antes, porque vai guiar o preenchimento dos demais.

A proposta de valor da sua empresa nada mais é do que a maneira única como ela se propõe a resolver as dores do público. Esse é o momento de evidenciar seu diferencial competitivo em comparação com a concorrência, de maneira clara e sucinta. Em uma frase, você deve mostrar para o cliente como a sua marca pode mudar a vida dele, ciente de que o seu diferencial pode estar em elementos diversos, tais como design, grau de inovação, composição do produto, técnica utilizada para produzi-lo...

Nesse momento, todo cuidado é pouco para não cair na tentação dos clichês. Uma boa dica para fugir de lugares-comuns é pensar: qual o incômodo que originou em você, empreendedor, a ideia de criar a sua marca? Como esse incômodo se conecta com a sua própria vivência? É esse o lugar que você precisa acessar para criar uma proposta de valor original e convincente.

Não existe uma fórmula para determinar a proposta de valor, mas geralmente a estrutura a seguir consegue dar conta de exprimi-la: o/a [nome da marca] existe no [segmento ao qual ela pertence] para [resolver tal dor] através de [diferenciais da marca].

Para facilitar o entendimento, vamos imaginar uma empresa fictícia de cosméticos naturais com foco em skincare que faz venda direta através do site e é responsável pela logística e entrega do produto. Esse é o exemplo que usaremos para ilustrar todos os quadros do Business Model Canvas.

Nesse caso, a proposta de valor poderia ser: "a Real Skin existe no segmento de beleza para democratizar o acesso a cuidados pessoais através de produtos naturais e com excelente custo-benefício". Real Skin é o nome da marca, beleza é o segmento ao qual ela pertence, democratizar o acesso a cuidados pessoais é a dor que ela resolve, e produtos naturais e excelente custo-benefício são os diferenciais em que ela se apoia.

Determinada a proposta de valor, ela vai servir como guia para toda e qualquer decisão que a sua empresa tomar. Suponhamos que, no terceiro ano de operação da Real Skin, a marca resolva desenvolver um sérum facial composto por um ácido hialurônico vegetal enriquecido com colágeno. Contudo, essa é uma matéria-prima muito cara e que acabaria aumentando consideravelmente o preço que o consumidor pagaria pelo produto – o que iria contra o ato de democratizar o acesso a cuidados pessoais e implicaria em uma "traição" à proposta de valor. A decisão mais acertada, nesse caso, seria não desenvolver esse tipo de produto, por mais que ele possa trazer benefícios maravilhosos para a pele dos consumidores.

Ou se pode procurar matérias-primas que tenham o mesmo efeito do ácido hialurônico, porém com um custo que torna viável a promessa de seguir democratizando o acesso ao skincare. O importante aqui é não perder a coerência em relação à proposta de valor.

Vamos treinar?

O/a _____ existe
no mercado de _____ para
_____
através de _____
_____
_____
_____

ATIVIDADES-CHAVE

Toda empresa executa inúmeras atividades no dia a dia de suas operações. Atendimento ao cliente, compra de insumos, cadastro de fornecedores, contratação de recurso humano, gestão e manutenção do patrimônio... Sem dúvida, todas elas são importantes, mas nem todas são atividades-chave.

Entende-se por atividades-chave aquelas que são imprescindíveis para que a empresa entregue sua proposta de valor. É esperado, portanto, que elas sejam operacionais e processuais.

Voltando ao exemplo da Real Skin, que tipo de atividade garante a democratização do acesso a cuidados pessoais? E a fabricação de produtos naturais e com excelente custo-benefício? Aqui, podemos pensar em atividades-chave como:

- buscar fornecedores certificados;
- comprar matérias-primas naturais a preços acessíveis;
- desenvolver estudos sobre a interação entre substâncias naturais e a pele humana;
- criar formulações naturais com benefícios comprovados;

- desenvolver e-commerce acessível e mantê-lo em funcionamento;
- produzir e impulsionar conteúdo nas redes sociais para captar clientes;
- entregar os pedidos com agilidade em todas as nossas áreas de cobertura.

Note que todas essas atividades estão relacionadas à operação de uma empresa que fabrica seus próprios produtos com insumos naturais e que os comercializa on-line a preços acessíveis, sem apoio de um ponto físico de vendas. Ou seja, são as atividades imprescindíveis para que o produto seja desenvolvido e vendido de acordo com a proposta de valor.

São atividades-chave da _____
- _____
- _____
- _____
- _____
- _____
- _____
- _____
- _____
- _____
- _____
- _____
- _____
- _____

SEGMENTOS DE CLIENTES

Quando pensamos na clientela que desejamos atingir, é tentador recorrermos a uma resposta fácil: meu público é todo mundo.

Acontece que não: o seu público não é todo mundo, por mais que o seu produto seja uma paixão nacional. Chocolate, por exemplo. Segundo a Associação Brasileira da Indústria do Chocolate, mais de 75% da população do país consome a guloseima.[25] O que não quer dizer que todos eles possam ser consumidores do seu chocolate. O sabor, o preço, a textura, a receita, os pontos de venda: tudo isso faz com que certas pessoas façam parte do seu público de interesse, e outras, não, por mais que todas compartilhem o mesmo apreço pela iguaria.

É necessário, portanto, ser específico na hora de segmentar os clientes, porém, sem ser detalhista. Afinal, ainda não estamos falando de personas, apenas de públicos de interesse. Essa não é a hora de analisar fatores comportamentais e psicológicos, mas de estabelecer bem as demografias com as quais a sua empresa se relaciona.

E eu não falo somente de consumidores finais. Neste quadro entram também os tipos de influenciadores que representarão a sua marca e de formadores de opinião que ela almeja atingir, além das categorias de empresa para as quais ela pode vender.

---

25 ICASSATTI, M. Parabéns para ele. **Revista Gula**, 6 jul. 2021. Disponível em: https://www.revistagula.com.br/comer/parabens-pra-ele. Acesso em: 14 fev. 2024.

Uma marca de chocolates pode comercializar seus produtos em empórios e supermercados que, por sua vez, atingirão os consumidores finais. Nesse caso, os empórios e supermercados entram como segmentos de clientes.

Retomando o nosso exemplo fictício da Real Skin, os segmentos de clientes seriam apenas os consumidores finais, já que a marca faz venda direta via e-commerce. Então, algo como "mulheres e homens de 24 a 49 anos, pertencentes às classes C e D e que incluem em sua rotina cuidados básicos com a pele, como limpeza, tonificação, hidratação, controle de acne e prevenção de envelhecimento precoce" atenderia à nossa necessidade.

Como você segmentaria os seus clientes? Com base no exemplo da Real Skin, pense em um perfil ideal e no que você tem a oferecer a ele.

- _____
- _____
- _____
- _____
- _____
- _____
- _____

CANAIS

Qual é a maneira mais fácil e rápida de você disponibilizar os seus produtos para os seus públicos de interesse? Em quais lugares sua marca precisa estar exposta para chegar até os seus clientes? Por meio de quais vias você executa as suas estratégias e faz as vendas acontecerem?

Ao responder essas perguntas, você chegará à relação de canais da sua marca. Site próprio, marketplace, redes sociais, time comercial próprio, revendedores, teleatendimento, loja física: são várias as possibilidades. Basta escolher aquelas que mais se adequam à sua proposta de valor e ao perfil dos seus públicos de interesse.

Meus canais-chave são: _____

- _____
- _____
- _____
- _____
- _____
- _____
- _____
- _____
- _____
- _____

RELACIONAMENTO COM OS CLIENTES

A digitalização dos negócios e das relações adicionou um certo grau de complexidade à jornada de compra. Com a internet, os consumidores passaram a ter mais autonomia, mais voz e mais poder. O que incentivou as empresas, por sua vez, a desenvolverem conversas mais relevantes e próximas com seus públicos de interesse, de modo a inspirar confiança.

Esta seção do Business Model Canvas é o espaço para você listar todos os pontos de contato entre cliente e empresa, desde a etapa de conhecimento da marca até o pós-vendas.

Como o seu cliente toma conhecimento da sua marca? Por quais canais você conversa com ele para apresentar as suas soluções? A quais meios você recorre para explicitar seus principais atributos e convencê-lo da compra? Como ele efetiva a compra? Entre a compra e a entrega, há algum tipo de contato? Se sim, qual? Depois da compra, qual é o suporte que a sua empresa oferece? Como ela opera para engajar o cliente, na expectativa de que ele compre outra vez?

Alguns pontos de contato possíveis são:

- redes sociais;
- e-mail marketing;
- imprensa;
- presença em feiras e convenções da área;
- e-commerce;
- loja física;
- showroom;
- aplicativo;
- terminal de autoatendimento;
- comunidade de clientes;
- grupo de estudos;
- sac por telefone;
- sac por chat.

Observando os itens acima, marque com um X aqueles que você acredita que serão os seus canais principais.

FONTE DE RECEITA

Por mais apaixonado que você seja pela sua própria marca e por mais divertido que seja o seu trabalho, ainda se trata de um negócio. E negócios têm como pressuposto a geração de receita. Mas de onde vem esse dinheiro? Como ele entra no seu caixa?

No caso da nossa empresa fictícia Real Skin, a resposta é óbvia: venda direta, como é o caso de praticamente todos os produtos. Porém, há outros modelos de fonte de receita, tais como taxa de uso, serviço de afiliados e assinatura, esse último bastante comum no mundo dos serviços digitais.

Para além do óbvio, como o seu negócio vai gerar receita?

- _____
- _____
- _____
- _____
- _____
- _____
- _____
- _____
- _____
- _____
- _____
- _____
- _____
- _____

RECURSOS-CHAVE

Toda empresa precisa de uma variedade de recursos para se manter em funcionamento. Eles podem ser de quatro tipos: físicos (máquinas, sistemas, lojas, fábricas), intelectuais (patentes, metodologias próprias), financeiros (linhas de crédito, rodadas de investimento) e humano (colaboradores ou terceirizados das mais variadas áreas de atuação).

Por ser uma empresa que produz e vende cosméticos, a Real Skin teria como recursos-chave a fábrica, os equipamentos, a frota para entrega dos produtos e o site na categoria física; as formulações na categoria intelectual; as equipes comerciais, de atendimento ao cliente e de logística como recursos humanos; e um eventual aporte de investidor como recurso financeiro, por exemplo.

E quais seriam os recursos-chave do seu negócio?

- _____
- _____
- _____
- _____
- _____

PARCEIROS-CHAVE

Chegou a hora de colocar no papel todos os parceiros que viabilizam o funcionamento da sua empresa. O mais óbvio é pensar nos fornecedores de matérias-primas, que sem dúvida são cruciais. Porém, sem um fornecedor de tecnologia, o seu site não se mantém no ar. Sem um operador logístico, seus produtos não chegam até os clientes. Sem um sistema de pagamento confiável e funcional, o dinheiro não entra no caixa da empresa. Sem agências certificadoras, a marca não consegue transmitir a confiança necessária para conquistar o público. Sem um fornecedor de embalagens, o produto não tem onde ser armazenado.

E mesmo numa etapa tão funcional como essa, você não pode esquecer que a sua proposta de valor é produzir cosméticos naturais, logo, os parceiros-chave precisam ser cuidadosamente selecionados de acordo com essa diretriz. Lembre-se sempre de que tudo converge para a percepção de marca, e a última coisa que você vai querer é que o consumidor que está entrando em contato com a sua marca pela primeira vez encontre contradições entre a forma como você fala e como você age, ok?

Vamos começar esse planejamento? De quais parceiros você vai precisar para fazer seu negócio funcionar? Não se esqueça de que a sua proposta de valor também deve ser levada em consideração nesse momento.

- _____
- _____
- _____
- _____
- _____
- _____

CUSTOS

Por fim, a parte mais "dolorosa": listar os custos necessários para manter a operação funcionando. Negócios são fontes de receita, é claro, mas também implicam muitos gastos. Nem tudo o que entra no caixa da sua empresa permanecerá lá. Nos primeiros meses de operação, pode ser que nada permaneça, aliás. Por isso, é essencial ter clareza dos gastos, até para estimar a quantidade ideal de ganhos. Caso contrário, você está fadado a entrar na triste estatística dos 20% das empresas que fecham no primeiro ano de funcionamento.

Alguns dos custos comuns a várias empresas, e que inclusive se aplicam à nossa Real Skin, são:

- compra de matéria-prima;
- despesas patrimoniais, como aluguel, energia elétrica, água e internet na linha de produção e nos escritórios;
- infraestrutura do site;
- comunicação & marketing;
- despesas administrativas, como impostos e remuneração dos trabalhadores;
- despesas logísticas, como combustível e frota para fazer as entregas.

Quais seriam os seus custos? Vamos começar a pensar neles?

_____
_____
_____
_____

AMPLIE SEU CONHECIMENTO

Para continuar aprendendo sobre o tema, você pode escutar os seguintes episódios do meu podcast *Branding em Tudo*, disponível nas principais plataformas de áudio:

Episódio #048: Dá pra ter uma marca forte e uma empresa ruim? (com Lucas Schuch).
Episódio #066: Como começar: a minha virada de CLT pra empreendedor.

EXERCÍCIO

Agora que você entendeu o básico sobre o Business Model Canvas, é hora de preencher o seu diagrama, aplicando cada um dos conceitos explicados neste capítulo à realidade da sua empresa.

Eu sei, não é fácil. Às vezes falta clareza. Às vezes dá a impressão de que estamos sendo muito minuciosos. Noutras, de que estamos sendo extremamente superficiais. Por isso, muita calma nessa hora!

Como eu disse no início deste capítulo, ele está relacionado à área de Administração de Empresas, por isso, a ferramenta foi abordada de maneira bastante resumida aqui. Então, sinta-se à vontade para buscar mais exemplos e aprofundar os estudos sobre o tema na internet.

Se necessário, escreva, apague e reescreva inúmeras vezes. Caso você já tenha entendido a teoria, mas ainda lhe falte clareza do seu negócio em específico, feche este livro e assista a um filme despretensioso, brinque com o seu animal de estimação, passeie na praça do seu bairro. Espaireça, relaxe, mude um pouco o foco. Volte amanhã. Porém, não desista.

Se você não responder a essas perguntas iniciais sobre o seu negócio, certamente terá dificuldade para desenvolver uma marca sólida, encantadora, que se conecte com os seus públicos de interesse e que se sustente através dos tempos. E, principalmente, que reflita com fidelidade o que o seu negócio é. Do contrário, você terá uma marca genérica e talvez até desconexa do que o seu negócio realmente representa.

O quadro de Modelo de Negócios

Parcerias Principais	Atividades-Chave	Proposta de Valor	Relacionamento com Clientes	Segmentos de Clientes
	Recursos Principais		Canais	
Estrutura de Custo			Fontes de Receita	

10

O segundo passo:
ter um excelente produto

"Apaixone-se pelo problema, não pela solução".[26] Se você tem um pouco de intimidade com o mundo do empreendedorismo, é bem possível que já tenha escutado essa frase. A autoria é de Uri Levine, empresário israelense cofundador do Waze, a famosa bússola do século XXI que nos permite chegar em qualquer lugar sem precisar consultar um mapa de papel ou pedir informações de procedência duvidosa em bancas de jornal.

O que está no subtexto dessa citação é que as empresas que criam bons produtos são aquelas que, em vez de se apegarem às próprias criações, se debruçam sobre os problemas que se propõem a resolver e estão sempre abertas a encontrar

---

26   LEVINE, U. **Apaixone-se pelo problema, não pela solução.** Porto Alegre: Citadel, 2023.

soluções mais eficazes, mesmo que isso signifique abrir mão de um design inovador ou de uma receita de família super afetiva, mas que não fazem sentido sob a ótica do consumidor. É, em outras palavras, o que eu quero dizer quando ressalto a importância da empatia no processo de criação de produtos.

Via de regra, todo produto vem para trazer uma solução prática para algum problema que a gente enfrenta: elevar a autoestima quando nos sentimos feios, reforçar conexões com entes queridos quando nos sentimos distantes, aumentar a concentração quando nos sentimos dispersos, tornar a casa mais aconchegante quando tudo o que queremos é nos sentirmos num lar.

E essas soluções serão tão mais apropriadas quanto mais as marcas tiverem a capacidade de se colocar no lugar dos seus públicos de interesse. De se conectar com a dor deles. De entender o que eles procuram e como se sentiriam se tivessem seus problemas resolvidos.

Inverter os papéis, ou seja, abdicar por um momento do lugar de empreendedor e se colocar no lugar do cliente, é a linha de raciocínio primordial para as empresas que querem oferecer produtos e experiências realmente bons para o público. O seu produto, portanto, não deve ser o que você quer oferecer, mas o que o seu cliente quer comprar.

O problema é que, embora sonhar seja grátis, executar não é. Matérias-primas de boa procedência, embalagens personalizadas e atendimento cuidadoso custam caro. E é aí que muitas empresas acabam pecando no quesito qualidade.

Certa vez, participei de uma reunião com o time de Experiência do Cliente em uma companhia de tecnologia.

Estávamos analisando as métricas de satisfação do cliente, tais como Net Promoter Score (NPS, pontuação líquida de promoção, em português), Customer Satisfaction Score (CSAT, índice de satisfação do cliente, em português) e taxa de solução dos tickets. Tudo muito bom. Até que resolvi agir como cliente oculto e liguei para o serviço de atendimento ao consumidor, com o intuito de obter dados qualitativos sobre a experiência que estávamos entregando para o nosso público.

"Este número não está habilitado a receber ligações de telefones móveis."

Para a minha completa surpresa, foi mais ou menos essa a mensagem com a qual me deparei. Segundo dados de 2023 da Anatel, a Agência Nacional de Telecomunicações, o Brasil possui 251,6 milhões de linhas de celular ativas,[27] o que significa que alguns brasileiros têm mais de um número móvel, pois a nossa população, de acordo com o último Censo, é de 203 milhões de pessoas.[28] Já a quantidade de linhas fixas em

---

27 BÚSSOLA. E a confiança nos bancos digitais? Continua crescendo, obrigado! **Exame,** 18 abr. 2023. Disponível em: https://exame.com/bussola/e-a--confianca-nos-bancos-digitais-continua-crescendo-obrigado/. Acesso em: 14 fev. 2024.

28 CENSO 2022 indica que o Brasil totaliza 203 milhões de habitantes. **Gov.br,** 28 jun. 2023. Disponível em: https://www.gov.br/pt-br/noticias/financas--impostos-e-gestao-publica/2023/06/censo-2022-indica-que-o-brasil-totaliza-203-milhoes-de-habitantes. Acesso em: 14 fev. 2024.

território nacional é de pouco mais de 26 milhões.[29] Ou seja, ao não receber ligações de celulares, estávamos privando 87% da população de falar com a gente via telefone.

Foi este o questionamento que levei à reunião seguinte: *será que não estamos frustrando a maioria dos nossos clientes?* Ao que o gestor da área respondeu: só aceitamos ligações de telefones fixos porque elas são mais baratas para a empresa.

O que, a princípio, poderia parecer uma medida benéfica para a empresa, já que resultaria em redução de custos, se revelou bastante prejudicial para todas as partes envolvidas. Para o cliente, porque desconsidera totalmente a experiência dele. E para a empresa porque, ao restringir o contato via telefone, que é um canal isolado, acaba direcionando esse fluxo para as redes sociais, onde as reclamações ficam expostas para quem quiser ver, representando um potencial risco de crise de reputação.

Não podemos ser ingênuos de achar que o custo não importa. Infelizmente, não somos milionários e não temos dinheiro para desperdiçar nos negócios. Mas adotar um pensamento empático na hora de desenhar os produtos e a jornada do cliente pode ser determinante para que a sua marca tenha sucesso.

---

29 GUIMARÃES, P.; ROSA, B. Ainda usa telefone fixo? Problemas estruturais deixam linhas mudas e afligem quem precisa dele. **O Globo**, 16 abr. 2023. Disponível em: https://oglobo.globo.com/economia/defesa-do-consumidor/noticia/2023/04/ainda-usa-telefone-fixo-problemas-estruturais-deixam-linhas-mudas-e-afligem-quem-precisa-dele.ghtml. Acesso em: 14 fev. 2024.

Porém, como construir marca não é tarefa simples, só isso não basta. Outra atitude determinante na hora de criar bons produtos é estabelecer diferenciais, ainda mais no cenário atual, em que a concorrência é acirradíssima em praticamente todos os segmentos de mercado, a maior parte das marcas oferece benefícios parecidos para seus consumidores, e as inovações são copiadas com facilidade em pouquíssimo tempo.

Não raro, atendo empresas com cinco anos, ou mais, de existência que não têm clareza dos diferenciais de seus produtos. Quando perguntadas sobre o assunto, respondem que utilizam boas matérias-primas. Que o cheiro é bom. Que a textura é agradável. Que o atendimento ao cliente é atencioso. Que a entrega é rápida.

E eu sempre respondo: parabéns por fazer o mínimo!

Se você vai a uma cafeteria, por exemplo, o mínimo que espera é um bom grão, com uma boa torrefação, feita em uma boa máquina, com um atendimento rápido e cordial. Ninguém quer pagar para tomar café ruim e enfrentar atendimento moroso e grosseiro.

O problema é que, num mundo em que tudo parece já ter sido inventado, desde coçador de costas até carro autônomo, ser inovador não é fácil. Muitas vezes, a depender do segmento e do orçamento disponível, beira o impossível. Como uma loja multimarcas, por exemplo, cujo modelo de negócios consiste em revender produtos de outras marcas, pode encontrar uma identidade e se diferenciar?

Nesses casos, é importante ter consciência de que o diferencial nem sempre vai estar no produto, mas, sim, na marca.

Se os seus principais concorrentes usam cores mais sóbrias, você pode usar as mais vibrantes. Se eles se comunicam com linguagem professoral, você pode adotar um tom de voz mais divertido. Se eles apoiam causas ambientais, você pode apoiar uma causa social. Vamos aprofundar esse assunto no capítulo 13. Por enquanto, mantenha em mente que ter um diferencial é necessário.

Dessa segunda linha de raciocínio fundamental na criação de bons produtos deriva outra: mais do que ter um diferencial, é preciso evitar ser uma cópia. Pode parecer óbvio para alguém que já tem certa intimidade com branding, mas é só lançar um olhar rápido para o mercado para perceber que há marcas – bastante grandes, aliás – que se apoiam na semelhança visual para "confundir" o público. Desenvolvem embalagens parecidas com as das marcas de referência no setor, lançam produtos com exatamente as mesmas propriedades, copiam campanhas de comunicação... E, assim, acabam entrando em uma guerra mercadológica, dependendo de promoções e descontos de centavos para conseguir sair na frente da concorrência.

Então, em vez de cair na tentação de copiar a receita de sucesso do outro, dedique a sua energia para criar um produto realmente bom, com funcionalidades e benefícios claros, que transpareçam cuidado para o consumidor; e confie que ele vá aceitar pagar o preço que você cobra.

Ao contrário das cópias, que somente despertam em nós a vontade de pagar menos, a originalidade tem valor e ajuda a construir uma boa marca.

A Natura, por exemplo, encontrou no mercado de beleza brasileiro um posicionamento original de ser a marca ambientalmente responsável do setor. E esse é um posicionamento que está explícito não só na comunicação e na personalidade da marca, mas também nos produtos e serviços que ela oferece. Embalagens com pouco plástico ou com papel reciclado, refis, shampoos e sabonetes em barra, pontos de coleta para descarte adequado das embalagens já utilizadas... Todas essas são questões de desenvolvimento de produto que reforçam o posicionamento da marca, transmitindo coerência e compromisso.

Por outro lado, produtos ruins também têm o poder de manchar a reputação das empresas que os fabricam. Em 2017, a Diageo, fabricante da mistura alcoólica Smirnoff Ice, alterou a formulação da bebida, incluindo fermentado de maçã na receita. O resultado foi desastroso. As queixas no Reclame Aqui, no serviço de atendimento ao consumidor e nas redes sociais foram tantas que a marca voltou atrás um ano depois, retomando a receita original e lançando uma campanha bem-humorada encabeçada pelo personagem Wilson, "o único brasileiro que gostou da nova Ice" e que comemorava a rejeição da bebida alterada, com o pretexto de ficar com todas as garrafas da formulação que não caiu no gosto dos consumidores.[30]

---

[30] FLACH, N. Smirnoff Ice retoma fórmula original, após reclamação de consumidores. **Consumidor Moderno**, 20 jul. 2018. Disponível em: https://consumidormoderno.com.br/smirnoff-ice-retoma-formula/. Acesso em: 14 fev. 2024.

FUNCIONALIDADE X BENEFÍCIO X DIFERENCIAL

Até agora, aprendemos que, para criar bons produtos, precisamos nos guiar por três linhas de raciocínio:

1. **A da empatia.** Colocar-se no lugar do consumidor é um exercício poderoso para quem quer criar soluções relevantes que realmente aplaquem as dores dos públicos de interesse.
2. **A da diferenciação.** Embora não seja fácil inovar, pensar na diferenciação desde o momento inicial é um bom caminho para desenvolver produtos de qualidade.
3. **A da originalidade.** Imitar cada movimento do seu concorrente só fará você ser percebido como uma cópia barata e sem valor agregado.

Na prática, essas linhas de raciocínio vão levar à tríade da funcionalidade, do benefício e do diferencial. Funcionalidade, como o próprio nome já diz, é para que o seu produto serve, qual a sua aplicação primária. Benefício é o resultado imediato do uso desse produto. Diferencial, por sua vez, é a pitada de originalidade que vai fazer o seu produto ser percebido como único.

Tomemos como exemplo o amaciante Downy. A funcionalidade dele é amaciar as roupas e preservar suas fibras. O benefício é tornar as roupas mais suaves ao toque. O diferencial é exalar quatro vezes mais perfume do que os concorrentes.

Outro exemplo, só que agora de serviço: a startup de financiamento de imóveis aMORA, que permite ao comprador morar de aluguel no imóvel que deseja comprar. A funcionalidade é o financiamento. O benefício é a possibilidade de morar antes de comprar, ou seja, fazer um "test-drive" na casa. Já o diferencial é não precisar desembolsar os 20% da entrada do imóvel de uma vez só, já que o valor do aluguel pago na fase de "test-drive" fica armazenado numa espécie de poupança que pode ser usada para abater a entrada.

Vale sempre lembrar que, nessa etapa, quando estamos falando de benefícios, não devemos nos restringir apenas aos benefícios funcionais. Fazer o consumidor se sentir autoconfiante, zeloso pela família ou atingir um certo status social são benefícios emocionais que também devem entrar nessa lista.

"As pessoas esquecerão o que você disse, as pessoas esquecerão o que você fez. Mas elas nunca esquecerão como você as fez sentir."[31] Trazendo as palavras do político germano-americano Carl W. Buehner, esse deve ser o pensamento quando estamos construindo benefícios emocionais atrelados à marca que estamos criando.

---

31   EVANS, R. **Richard Evans' Quote Book**. EUA: Publishers Press, 1972.

AMPLIE SEU CONHECIMENTO

Para continuar aprendendo sobre o tema, você pode escutar os seguintes episódios do meu podcast *Branding em Tudo*, disponível nas principais plataformas de áudio:

Episódio #055: A história da marca Bruna Tavares (com Bruna Tavares - BT).
Episódio #084: O que um shark quer de uma marca? (com Monique Evelle - Inventivos).
Episódio #092: Criando uma marca de cafeteria (com Isabela Raposeiras - Coffee Lab).

EXERCÍCIO

Pois bem. Agora que você já configurou a sua mentalidade para criar bons produtos e já entendeu os principais conceitos envolvidos na concepção deles, chegou a hora de preencher a tabela de funcionalidade, benefício e diferencial aplicada a cada produto ou serviço que você já comercializa na sua empresa.

O intuito deste exercício é promover uma avaliação sincera da qualidade do que você está oferecendo aos seus clientes. Enxergue essa reflexão como uma possibilidade de melhorar os seus produtos, antes de se aprofundar no processo de criação da sua marca.

	Nome do produto	Funcionalidade	Benefício	Diferencial
1				
2				
3				
4				
5				
6				

11

O terceiro passo:
entender o mercado

"Pesquisa é a curiosidade formalizada".[32]
    Eu estava procurando uma maneira impactante de abrir este capítulo quando me deparei com essa citação interessantíssima e que se conectou instantaneamente comigo e com algumas coisas nas quais acredito. Para além de ser de autoria da antropóloga, folclorista e escritora estadunidense Zora Neale Hurston, uma mulher negra que, no começo do século XX, já levantava questões de raça e gênero em sua obra, a frase mexeu comigo porque suscita duas questões centrais na minha carreira: a curiosidade e o método.

---

[32] HURSTON, Z. N. **Dust tracks on a road.** Nova York: Harper Perennial, 1996. p. 143.

Como já falei no começo deste livro, sou uma pessoa muito curiosa desde a infância, e essa é uma característica indispensável para o meu trabalho, afinal, me faz mergulhar em cada segmento de cada um dos meus clientes. Também sou alguém que valoriza muito a formalização da minha área de atuação, o branding. Tanto é que, como expliquei alguns capítulos atrás, desenvolvi uma metodologia para construção de marcas que me ajudou não só a tornar o meu processo mais compreensível e confiável para outras pessoas como também a organizar as minhas entregas.

Curiosidade e método são duas constantes na minha rotina de trabalho. E talvez seja por isso que eu goste tanto do tal do benchmarking, mais uma daquelas palavrinhas do Marketing que ainda não foram devidamente traduzidas, o que não impede que sejam conceituadas. Benchmarking é uma análise estratégica do mercado e da concorrência, feita com o intuito de otimizar o desempenho de uma empresa. É um processo que começa com pesquisas profundas e que termina com proposições. Ou seja, é fazer da curiosidade parte do método de construção de marca.

São diversos os benefícios que o benchmarking pode trazer para uma empresa, sob o ponto de vista de branding. Ao executá-lo, você consegue ter melhor visibilidade do mercado como um todo, entendendo os hábitos de consumo dos seus públicos de interesse, mapeando o comportamento e os recursos dos seus concorrentes e, assim, aumentando as chances de encontrar um espaço ainda não ocupado que pode ser seu. Um lugar de propriedade onde a sua marca possa brilhar, desenvolver autoridade, fidelizar os clientes e, como consequência, ser um negócio muito mais rentável e sustentável.

Em outras palavras, fazer um bom benchmarking é o primeiro passo para que uma marca defina seu posicionamento. E todo bom benchmarking começa no macro, para então ir afunilando até chegar a cenários mais específicos.

O BENCHMARKING DE MERCADO

Antes de se preocupar com quem vai morar na sua casa, você precisa se preocupar em construir a casa, certo?

A lógica aqui é mais ou menos a mesma. Antes de se preocupar em superar quem atua no seu mercado, você precisa se preocupar em entender o seu mercado. E é para isso que serve o benchmarking de mercado, que eu prefiro chamar de estudo de cenário ou pesquisa exploratória de mercado.

Todo bom estudo de cenário deve responder a algumas perguntas, sempre começando com as mais abrangentes e avançando para as mais restritas:

- Quanto dinheiro movimenta o mercado em que eu pretendo atuar?
- Quantos profissionais ele abarca?
- Qual a representatividade dele na economia nacional?
- Qual seu histórico recente?
- Quais as perspectivas de futuro e as tendências que podem movimentá-lo?
- Existe alguma sazonalidade que eu preciso observar, por exemplo, aumento das vendas no mês das mulheres?

- Como esse mercado se comporta em datas comemorativas?
- Quais são as marcas mais fortes que atuam nele?
- Quais marcas estão se destacando por serem inovadoras?
- Quem é o consumidor médio desse mercado?
- Quanto ele gasta mensalmente com produtos da categoria?
- Ele é um consumidor fiel a uma marca em específico? Ou é um consumidor mixador, ou seja, que compra produtos de diversas marcas do segmento?
- Isso corresponde a qual parcela da renda mensal dele?
- Ele compra esse tipo de produto com qual frequência?
- É uma compra planejada ou por impulso?
- Quais são as cinco maiores marcas desse mercado?
- Quais são as mais lembradas em pesquisas do tipo "Top of Mind"?
- Quais conseguem fidelizar mais o público e entrar no ranking das preferidas?

Não são perguntas tão simples de serem respondidas. Porém, com uma busca aprofundada e paciente na internet, é possível encontrar, senão respostas exatas, pelo menos informações relevantes sobre todos os tópicos. Empresas especializadas em pesquisa costumam disponibilizar gratuitamente um banco de estudos que já realizaram em diversos segmentos. Sites oficiais do governo federal e páginas de associações profissionais também podem conter informações valiosas, especialmente sobre o mercado. E, por fim, os perfis das marcas concorrentes nas redes sociais podem ajudar você a traçar um panorama sobre a relação delas com seus públicos: se há interações ou não, qual a natureza dessas interações – reclamações? elogios? sugestões? – e qual o nível de engajamento.

Feita essa pesquisa inicial, que contempla os principais pontos do mercado, é hora de se aprofundar nas marcas mais relevantes.

O BENCHMARKING DE MARCAS

— Mas, Galileu, já não coletamos informações sobre a concorrência no benchmarking de mercado? — Você pode estar se perguntando.

Sim, coletamos. Acontece que elas não se referem à construção de marca, que é o foco da pesquisa que faremos de agora em diante. Como o próprio nome sugere, o benchmarking de marcas é um mapeamento da maneira como os principais concorrentes se posicionam de acordo com suas identidades visual e textual, com os valores e pautas que defendem e com o modo como se comunicam com seus clientes.

Antes de começar esse aprofundamento, é crucial ter consciência de que toda pesquisa desemboca num objetivo final e jamais se encerra em si própria. Pesquisar por pesquisar, só para acumular informação, é como estudar sem nunca colocar o que se aprendeu em prática. Para guiar você no processo de pesquisa, elaborei uma jornada de oito passos, que começa na determinação do campo de abrangência e termina na análise crítica do que foi coletado. Vamos juntos?

1. TENHA CLAREZA DE QUEM SÃO SEUS CONCORRENTES DIRETOS

Segundo a Associação Brasileira da Indústria de Higiene Pessoal, Perfumaria e Cosméticos (ABIHPEC), até 2023 havia, no Brasil, 3.483 empresas atuando no setor.[33] O Ministério da Agricultura e Pecuária (MAPA) contabilizou, em 2022, 1.729 cervejarias registradas no país.[34] Já a Associação Brasileira da Indústria Têxtil e de Confecção, no segmento que lhe cabe, (Abit) contabilizou, em 2022, cerca de 22 mil negócios ativos.[35]

São dados que, jogados a esmo, podem até não fazer muito sentido, mas que, neste contexto, provam quanto é importante fazer um recorte dentro do seu segmento de atuação, delimitando um campo de abrangência para a sua pesquisa. Caso contrário, dado o número elevado de empresas atuantes na maioria dos setores da economia, você vai passar todos os dias de vida que lhe restam pesquisando a concorrência.

---

33   MERCADO brasileiro de cosméticos está em expansão. **Valor**, 20 dez. 2023. Disponível em: https://valor.globo.com/patrocinado/dino/noticia/2023/12/20/mercado-brasileiro-de-cosmeticos-esta-em-expansao.ghtml. Acesso em: 15 fev. 2024.

34   SETOR cervejeiro segue crescendo a cada ano, aponta anuário. **Gov.br**, 5 jul. 2023. Disponível em: https://www.gov.br/agricultura/pt-br/assuntos/noticias/setor-cervejeiro-segue-crescendo-a-cada-ano-aponta-anuario. Acesso em: 15 fev. 2024.

35   PERFIL do setor. **Abit**, jan. 2023. Disponível em: https://www.abit.org.br/cont/perfil-do-setor. Acesso em: 15 fev. 2024.

Minha sugestão é que você escolha de três a quatro marcas como alvo de pesquisa: os dois principais *players* da categoria com um modelo de negócios parecido com o seu, e mais uma ou duas empresas que estão se destacando por serem disruptivas ou "diferentonas" e que, por isso, podem virar grandes competidoras num futuro próximo.

2. ASSEGURE-SE DE QUE TIPO DE INFORMAÇÃO VOCÊ BUSCA

Este é o momento de lembrar que você não está fazendo benchmarking de produto nem de mercado e, sim, de marca. Isso quer dizer que é a hora de se concentrar em buscar informações relativas ao posicionamento e à comunicação da empresa com seus públicos de interesse.

Eu costumo focar nos seguintes tópicos:

- **Identidade visual:** contemplando cores, estilo de fotografia, elementos gráficos e tipografia.
- **Identidade verbal:** incluindo assinatura de marca (ou *tagline*, em inglês), mensagens-chave, tom de voz, linguagem e linha de conteúdo nas redes sociais.
- **Materiais impressos:** como embalagens, sacolas, cardápio e comunicação visual das lojas.
- **Materiais digitais:** como site, e-mail marketing, layouts e anúncios para redes sociais, além de peças publicitárias para TV.
- **Comunicação com o cliente:** redes sociais, por telefone e nas lojas físicas.

- **Valores e causas defendidos:** quais bandeiras a marca levanta, acredita e apoia. (empreendedorismo feminino, protagonismo LGBTQIA+ etc.)

3. ESCAVE. MAS ESCAVE COM VONTADE

Sempre que uma criança está cavando um buraco de areia na praia, tem algum adulto que diz que se ela continuar na missão, um dia vai chegar no Japão. É com essa persistência que você precisa escavar informações sobre seus concorrentes.

Definidos os parâmetros de comparação que serão usados, é hora de fuçar todos os lugares possíveis e imagináveis atrás de informações úteis para o seu benchmarking.

A internet certamente é o principal meio para encontrar o que você procura, mas também o mais óbvio. Além de bisbilhotar sites e redes sociais e printar tudo o que for pertinente, você também pode visitar pontos físicos do seu concorrente e tirar fotos do menu, da sinalização da loja, das embalagens...

E também acionar as marcas pesquisadas pelos mais diversos canais, como telefone, chat, e-mail e mensagem direta nas redes sociais, fazendo o que chamamos de "Cliente Oculto". Entre em contato como se você fosse um potencial cliente e observe como é a jornada desenhada por cada marca para te seduzir. Mas não observe com um olhar passivo. Veja como é o tom de voz aplicado nos textos, o design dos materiais de apresentação da marca enviados após o seu contato e se existe uma régua de comunicação que vai te impactando em vários momentos do seu dia, seja nas redes sociais, num anúncio pago ou através do e-mail.

Como um arqueólogo orgulhoso dos seus achados, armazene tudo com cuidado. Crie uma pasta no seu computador para os materiais digitais e tenha uma pasta física para os materiais impressos.

4. ORGANIZE SUAS DESCOBERTAS NUMA APRESENTAÇÃO

Se você já trabalha com gestão de marcas, sabe que é fundamental organizar visualmente as informações com as quais precisa lidar no dia a dia. Apresentações de slides são grandes amigas de gestores de marcas, e agora é a hora de tirar proveito dessa amizade.

Depois de ter escavado a internet e o mundo off-line, o próximo passo para ter um bom benchmarking é montar uma apresentação estruturada, comparando, de maneira bastante visual, tudo o que você coletou a respeito dos seus concorrentes.

Crie slides separados para tratar cada um dos tópicos que definimos como prioridade e coloque lado a lado as informações de cada marca estudada. Dessa maneira, você já vai começar a notar semelhanças e diferenças entre elas, o que será bastante útil para a etapa seguinte do benchmarking, que é a análise.

5. ANALISE SEUS CONCORRENTES COM ATENÇÃO, E SEM PRECONCEITOS.

Se você está fazendo um benchmarking de mercado, é porque quer encontrar um lugar ao sol para a sua marca. Um espaço livre, onde ela possa se destacar e assumir suas peculiaridades sem gerar estranheza nem desconforto. Acontece que só encontra esse lugar quem analisa muito bem os espaços que já estão ocupados. Ou seja, agora é hora de você pegar todo o material que organizou na etapa anterior e analisá-lo com atenção.

Como cada uma das marcas concorrentes que você escolheu se comporta no mercado? Qual o posicionamento delas? O que as cores que as representam tentam comunicar? Como a linguagem que elas usam se conecta com o público que pretendem atingir? Como os elementos gráficos e fotográficos agregam para as comunicações dessas marcas? Qual a linha editorial que elas seguem em suas redes sociais? De que forma a identidade visual e textual contribui para que elas sejam atuantes nas causas que escolheram defender?

Nesse momento, deixe de lado todo e qualquer julgamento. Não cabe a você dizer se a paleta de cores do concorrente A é brega ou se a linguagem do concorrente B é careta demais. Emitir nossas opiniões é importantíssimo e corrobora para a nossa existência como seres políticos e sociais, mas aqui, no benchmarking de marcas, você está fazendo uma análise crítica do cenário que pesquisou, e não emitindo um juízo de valor sobre ele com base nas suas percepções individuais.

Vamos supor que você esteja estudando o segmento de skincare e observou que as empresas só usam mulheres brancas em suas comunicações e que, portanto, seria uma grande oportunidade de diferenciação para a sua marca ou a marca do seu cliente usar peles diversas. Essa é uma análise crítica fria. Agora, dizer que os concorrentes são ultrapassados ou racistas já é um julgamento, e esse não é o momento de fazer isso.

6. AGRUPE SEUS CONCORRENTES PARA ENTENDER QUAIS ESPAÇOS ESTÃO DISPONÍVEIS.

A busca pela inovação é uma corrida que movimenta o mundo corporativo. Segundo dados de 2022 do IBGE, oito em cada dez empresas de médio e grande porte no Brasil estão inovando de alguma maneira.[36] Contudo, considerando que, no mesmo ano, 3.838.063 empresas foram abertas e que temos 20.191.290 empresas ativas no país, é difícil acreditar que a maioria dessa inovação seja realmente inédita, principalmente porque a inovação exige maturidade, investimento financeiro, itens que nem sempre as empresas iniciantes têm à sua disposição;[37] o que nos leva à possibilidade de agrupar as empresas de acordo com suas similaridades. E assim, sabendo como as marcas estão agrupadas, conseguimos ter clareza quanto aos espaços ainda vazios.

Recentemente, prestei consultoria para uma marca de produtos para animais de estimação. Durante o benchmarking, notei que praticamente todo o segmento usava a humanização

---

[36] GOMES, I.; CABRAL, U. 84,9% das indústrias de médio e grande porte utilizaram tecnologia digital avançada. **Agência IBGE Notícias**, 15 dez. 2022. Disponível em: https://agenciadenoticias.ibge.gov.br/agencia-noticias/2012-agencia-de-noticias/noticias/37973-84-9-das-industrias-de-medio-e-grande-porte-utilizaram-tecnologia-digital-avancada. Acesso em: 16 fev. 2024.

[37] BRASIL registrou abertura de 3.838.063 novas empresas em 2022. **Gov.br**, 23 jan. 2023. Disponível em: https://www.gov.br/economia/pt-br/assuntos/noticias/2023/janeiro/brasil-registrou-abertura-de-3-838-063-novas-empresas-em-2022. Acesso em: 16 fev. 2024.

dos pets como estilo fotográfico: cachorro com óculos, gato com gravatinha, passarinho com gorro de lã; trocadilhos engraçadinhos como tom de voz: "AUmigo", "comemoraCÃO", "MIAUjuda"; e mensagens-chave relacionadas à ideia de que a marca é "a parceira ideal para o seu pet".

Conseguimos agrupar as marcas de acordo com essas categorias de significado e percebemos que nenhuma delas se concentrava em fotos dos pets com seus tutores, ou em textos bem-humorados, mas sem trocadilhos, ou ainda em aspectos emocionais da vida do tutor, em vez dos aspectos práticos da vida do pet.

Pronto: só de analisar e agrupar os concorrentes, já conseguimos encontrar um espaço inexplorado para a marca cliente. E os dados da pesquisa que aplicamos com os consumidores de produtos para pets só nos trouxe mais certeza de que deveríamos ocupar aquele espaço. Analisando as respostas, pudemos perceber que se antigamente atribuíamos aos nossos animais aspectos muito funcionais – o gato para caçar rato e o cachorro para fazer a segurança, por exemplo –, agora as justificativas para se ter um animalzinho de estimação são majoritariamente emocionais. Quando perguntados sobre os motivos que os levaram a adotar um pet, a maioria dos respondentes alegou querer companhia. Gostar de animais e poder tirá-los de uma situação ruim também foram respostas bastante incidentes.[38]

---

38   Pets. **MindMiners**, 16 nov. 2022. Disponível em: https://mindminers.com/blog/estudo-de-pets/. Acesso em: 14 mar. 2024.

Ou seja, a relação entre os pets e seus tutores mudou ao longo dos anos, e representar essa relação nas comunicações foi o espaço em branco que a marca encontrou para ocupar e se diferenciar dos concorrentes.

7. OLHE PARA SI MESMO COM FRANQUEZA E CORAÇÃO ABERTO

Uma das grandes inspirações que tenho na minha vida de empreendedor é o Facundo Guerra. Para quem não o conhece, Facundo é um empresário argentino radicado no Brasil e está à frente de grandes empreendimentos da noite paulistana, tais como Riviera Bar, Club Yacht, Bar dos Arcos, Blue Note e Love Cabaret. Certa vez, conversávamos sobre construção de negócios e de marcas, e ele me disse algo que eu jamais esqueci: "quando você é apaixonado pela sua marca, não vê erros nem inconsistências, porque acha tudo perfeito".

Gostar do que se faz é uma coisa. O sonho de todo profissional é ganhar dinheiro com algo que o satisfaça, e quando a gente chega a esse patamar, a vida se torna indiscutivelmente melhor. Ser apaixonado pelas próprias criações e apegado a elas, porém, é completamente diferente. Ao mesmo tempo em que a paixão faz bem pra pele, como diz a sabedoria popular e atestam os especialistas, ela também turva o nosso senso crítico. Assim como não enxergamos defeitos nos nossos *crushes*, nem mesmo os mais óbvios, não admitimos que nossos projetos, quando carregados de paixão, podem ser frágeis, antiquados, sem sentido.

Tudo isso para orientar você a ser honesto consigo mesmo na hora de analisar a sua marca. Pode ser que algum dos seus concorrentes, já bem posicionado e solidamente estabelecido, use as mesmas mensagens e cores da sua marca, e que você não tenha cacife para competir com ele. Pode ser que a sua ideia fosse genial para 2010, mas velha para 2024. Pode ser que você se comunique de forma muito séria e sóbria tentando atingir um público jovem e divertido.

E esse tipo de crítica, por mais que seja dolorosa de se escutar e trabalhosa de se reverter, precisa ser feita com franqueza e recebida com o coração aberto. Entenda que o benchmarking é um processo longo e cuidadoso, feito justamente para suscitar boas ideias a partir de dados. Se há alguma ferramenta capaz de ajudar um empreendedor a enxergar o cenário em que ele está entrando da maneira mais crua e real possível, essa ferramenta é o benchmarking.

> **IMPORTANTE**
>
> Não esqueça de incluir a sua própria marca no processo de benchmarking, especialmente no quadro comparativo entre todos os concorrentes. Dessa forma, fica bem fácil de perceber se você também está caindo no "senso comum" e no "mais do mesmo" e, assim, concluir que a sua marca precisa de um novo posicionamento.

Também é importante observar se existem pontos que se repetem consistentemente em todas as marcas avaliadas. Isso pode significar que há um comportamento padrão da categoria, ou seja, que o consumidor espera que as marcas se comportem dessa forma. E é aí que a sua visão tem que ficar apurada para entender quais são os comportamentos deslocados e os que, de fato, geram diferenciação.

Um exemplo é o atributo de segurança no mercado de serviços financeiros. Por mais disruptiva que a sua marca seja, a segurança precisa ser um atributo trabalhado e comunicado, porque o consumidor precisa confiar em quem cuidará do seu dinheiro. Qualquer marca que não desenvolver e não comunicar esse atributo não terá sucesso.

8. TRAGA O SEU PONTO DE VISTA, APONTANDO AS OPORTUNIDADES QUE VOCÊ OBSERVOU

Embora esse ainda não seja o momento de tomar decisões, já é a hora de apontar os caminhos possíveis e os que devem ser evitados, com o intuito de fornecer insumos para a tomada de decisão.

Qual a sua leitura geral da categoria? As marcas são muito similares entre si e há bons espaços de diferenciação? Ou todos esses espaços já estão preenchidos e será necessário disputar um lugar ao sol com alguma das marcas analisadas? Quais os principais pontos que as marcas da categoria usam para se diferenciar umas das outras? Quais as obviedades e quais as inovações das marcas do setor?

Esboçada uma conclusão que responda a essas perguntas, você deve partir para as oportunidades. Quais são os espaços vazios e que podem ser ocupados? Que linguagem visual cairia bem nesse cenário? E quanto à linguagem verbal, quais aspectos podem promover uma aproximação do público? Também é válido realçar os principais pontos de atenção. Quais os cuidados que a marca precisa ter ao entrar no segmento?

Nesta última etapa do benchmarking de marca, o seu ponto de vista é muito bem-vindo. Lembre-se de que você já estudou todos os concorrentes, então, é bastante provável que já tenha acumulado conhecimento necessário sobre eles para tecer comentários pertinentes. Além disso, agregue suas referências pessoais, sua visão de mundo e o repertório que você certamente montou ao longo de toda uma vida de livros lidos, vídeos assistidos e cases acompanhados.

O bom benchmarking é aquele que se apropria do conhecimento adquirido no passado, elabora conclusões no presente e desenha direcionamentos para o futuro.

OS PRINCIPAIS CUIDADOS NA HORA DE FAZER *BENCHMARKING*

A tolerância ao erro vem fazendo cada vez mais parte das culturas organizacionais Brasil afora. Felizmente. Para além daqueles clichês verdadeiros, porém batidos, de que "é errando que se aprende", tolerar o erro e depurá-lo é uma maneira não punitivista de estimular o crescimento de um profissional e de fomentar a inovação.

Contudo, certos erros não podem ser cometidos na hora de se construir a marca, sob o risco de condená-la ao fracasso antes mesmo de ela ter nascido. Um deles é fazer um benchmarking enviesado, descuidado e pouco confiável. O benchmarking é a pesquisa que servirá de embasamento para tomadas de decisões certeiras. E pesquisas precisam representar a realidade; caso contrário, nos induzirão ao engano e nos farão ter a certeza de que estamos corretíssimos, privando o nosso senso crítico. Por isso, a seguir estão os principais cuidados que você precisa ter na hora de fazer um benchmarking de marca.

1. CHEQUE AS SUAS FONTES

Elas precisam ser confiáveis: institutos de pesquisa, instituições de ensino, agências estatais e associações profissionais são exemplos de boas fontes. Além disso, os dados precisam ser os mais recentes disponíveis; afinal, num mundo tão dinâmico quanto o em que vivemos, em que milhões de empresas nascem e morrem todos os anos, informações de cinco anos atrás provavelmente estão bastante desatualizadas e não representam mais a realidade.

2. DESCONFIE

Principalmente quando estiver usando como fontes os sites e redes sociais dos concorrentes que está pesquisando. Não que eles divulguem informações falsas. Longe disso. O que acontece, geralmente, é que usam vieses que os favorecem. Uma marca pode dizer que é líder de vendas da categoria. Mas líder em qual região? Em qual produto? Em qual faixa etária? Por questões de marketing, é muito mais interessante dizer apenas que se trata de uma marca líder, sem especificar o recorte. Não é mentira, mas também não é uma representação fiel do quadro completo.

3. DEIXE DE LADO SEUS VIESES

Logo no começo deste livro, eu aconselhei você a quebrar o viés de confirmação, ou seja, abrir mão do comportamento nocivo, mas extremamente comum, de consumir conteúdos que apenas reforcem ou provem o seu ponto de vista. Reforço mais uma vez: quebre o viés de confirmação.

Pesquisa feita com o intuito de confirmar um viés não é pesquisa: é ponto de partida para fake news. Portanto, quando estiver elaborando as suas pesquisas, tabulando os dados e, principalmente, extraindo conclusões, alimente-se de diversas opiniões e perspectivas para então elaborar as suas.

Uma boa dica para quebrar alguns vieses é que você, no processo de busca de informações, pesquise os comportamentos opostos ou observe os dados nas entrelinhas. E vamos a um exemplo simples:

> "Com 149,6 milhões de animais de estimação, segundo o censo do IPB (Instituto Pet Brasil) de 2021, o Brasil é o terceiro país em número de animais domésticos. Considerando os 215 milhões de brasileiros, pelo menos 70% da população tem um pet em casa ou conhece alguém que tenha."[39]

---

[39] LIMA, M. Brasil é o terceiro país com mais pets; setor fatura R$ 52 bilhões. **Forbes**, 4 out. 2022. Disponível em: https://forbes.com.br/forbes-money/2022/10/brasil-e-o-terceiro-pais-com-mais-pets-setor-fatura-r-52-bilhoes/. Acesso em: 16 fev. 2024.

PROVOCAÇÕES:

E o restante dos 30% que não têm um pet, não tem por quê?

Na pesquisa é reportado que "70% da população tem um pet em casa ou conhece alguém que tenha", ou seja, não conseguimos, com esse dado, de fato dizer que 70% dos brasileiros TÊM um pet. Será que não vale procurar outra fonte de informação?

Entre a população que tem um pet, de qual classe social estamos falando? Será que são todos das classes A e B?

É esse tipo de provocação que eu quero que você mesmo faça na hora que estiver construindo um racional para defender o seu posicionamento de marca lá na frente.

4. ANALISE, MAS NÃO JULGUE

Sei que eu já disse isso na etapa 5 do processo de benchmarking de marcas, mas dica importante merece ser repetida: deixe seus julgamentos de lado na hora de analisar as marcas concorrentes. O que se espera, nessa etapa, é uma análise fria e que, portanto, não deve envolver a passionalidade do analisador.

Ao analisar uma marca de moda evangélica, você pode achar que o estilo fotográfico utilizado é "cafona", e você tem todo o direito de sustentar essa opinião, desde que tenha a consciência de que ela é um julgamento feito com base na sua vivência e sob a sua ótica. Numa análise objetiva, você poderia observar que as poses são tradicionais, os ângulos são básicos, as cores são sóbrias e as roupas não trazem decotes nem fendas, cobrindo o corpo sem evidenciar nenhuma curva. Isso é a verdade. O que vem a partir daí é opinião, e opinião nunca é imparcial.

5. CUIDADO COM AS INFERÊNCIAS

Inferir algo é deduzir um resultado a partir da interpretação de premissas verdadeiras. Por exemplo, é verdade que eu trocarei de carro assim que tiver dinheiro. É também verdade que trocar de carro me fará feliz. A partir dessas duas premissas, pode-se deduzir que eu serei mais feliz assim que tiver dinheiro.

Inferências até podem estar corretas, mas não são verdades: são deduções. E como essa lógica acontece no processo do benchmarking de marca?

Vamos supor que você esteja procurando um e-mail marketing de um concorrente para colocar na sua apresentação de slides. Sem conseguir achar, você deduz que, assim como os posts da marca no Instagram, que o e-mail marketing também usa linguagem descolada, informal e divertida. É provável que a sua inferência esteja correta. Mas também é possível que esteja errada. E se o e-mail marketing estiver desalinhado do guia de marca? E se, na verdade, forem as redes as desalinhadas com as diretrizes do branding? E se o time do SAC, por exemplo, der respostas mecânicas em função do volume de trabalho, enquanto a equipe de redes sociais trata o público de maneira mais próxima e amigável?

São várias as hipóteses que podem ser verdadeiras, para além da inferência que você fez. Por isso, analise toda a comunicação da marca, e não só um punhado de posts.

6. NÃO SE ESQUEÇA DA DIVERSIDADE DO BRASIL

O Brasil é um país de dimensões continentais, o quinto maior do mundo em extensão. O nosso território é o mais biodiverso do mundo, com seis biomas, cada um com flora e fauna específicas.[40] Seriam necessárias 89 horas de carro para fazer o trajeto entre o Oiapoque, ponto mais setentrional do Brasil, e o Chuí, ponto mais meridional. Falamos mais de 250 línguas, entre indígenas, de imigração, de sinais, crioulas e afro-brasileiras, além do português e de suas variedades.[41]

Ou seja, somos muito diversos. Muito mesmo. Por isso, se você for analisar uma marca de abrangência nacional, estude como ela se comporta em diferentes regiões. Não é o ideal em termos de consistência de marca, mas é comum que a comunicação em São Paulo seja diferente das praticadas em João Pessoa, por exemplo. Para ter uma visibilidade mais apurada da marca, procure por perfis locais nas redes sociais e entenda se eles adotam regionalismos em diferentes praças ou não.

7. NÃO SEJA MAÇANTE

Por fim, mas não menos importante: preocupe-se em construir uma apresentação interessante e instigante. Você vai

---

40 BIOMAS brasileiros. **IBGE Educa.** Disponível em: https://educa.ibge.gov.br/jovens/conheca-o-brasil/territorio/18307-biomas-brasileiros.html. Acesso em: 16 fev. 2024.

41 DIVERSIDADE linguística - No Brasil, são faladas mais de 250 línguas. **IPHAN.** Disponível em: http://portal.iphan.gov.br/indl. Acesso em: 16 fev. 2024.

reunir muitos dados, extraídos de várias fontes e pontos de contato, o que não quer dizer que você precise colocar tudo na apresentação. Não faça análises muito táticas, nem se prenda a minúcias. Atenha-se às questões mais estratégicas e, a partir delas, extraia os principais aprendizados. Caso contrário, você pode espantar o seu interlocutor ou até mesmo desviar o seu próprio interesse e transformar o seu benchmarking em um mero trabalho de gaveta, e se você realmente quer colocar uma marca no mundo, isso é tudo o que não pode acontecer.

Por "não ser maçante", entenda que você não deve apenas jogar os prints das suas pesquisas na apresentação e dizer que "a comunicação é consistente e coesa com a marca". Em vez disso, procure trazer os seus aprendizados. O que você observou como pontos de diferenciação? Quais aspectos são comuns a todas as marcas? Quais as oportunidades que ninguém está explorando ainda?

O CENÁRIO IDEAL | O CENÁRIO REAL

Depois de uma lista extensa de etapas que você precisa seguir e de outra lista quase tão extensa quanto de cuidados que você deve ter ao fazer um benchmarking de marca, certamente já percebeu que se trata de um processo complexo e cheio de pormenores, que será tão mais difícil de se executar quanto menos dinheiro você tiver.

Isso porque é possível contratar empresas especializadas para realizar a pesquisa por você. Usando as informações disponíveis na internet e acionando os pontos de contato das marcas, você conseguirá diversos insumos, mas não tantos quanto teria se contratasse um instituto de pesquisa.

Além de trabalhar de acordo com as necessidades específicas do contratante, o instituto de pesquisa, ao fazer uso das metodologias adequadas, consegue capturar informações que não estão disponíveis em uma simples busca na internet, incluindo a imagem da sua marca perante seus públicos de interesse.

Qual a percepção das pessoas com relação aos atributos da sua marca? Ela está em qual estágio, quantitativamente, da trilha das marcas: conhecimento, consideração ou preferência? Se o público entrevistado ainda não conhece a sua marca, ele se interessaria em conhecê-la? Se já conhece, mas não compra dela, teria a intenção de comprar? Se já comprou, tem a intenção de repetir a compra?

Além disso, é possível extrair também informações relacionadas ao perfil das pessoas que acompanham a sua marca. Qual tipo de conteúdo elas costumam acompanhar nas redes sociais: entretenimento, notícias, fitness, finanças? O que elas gostam de fazer nas horas livres? Qual a faixa de renda delas? Com quais causas elas simpatizam?

Todo esse trabalho custa, é claro. O preço de uma pesquisa encomendada em um instituto sério e confiável pode variar entre R$ 60 mil e R$ 80 mil. Pode parecer caro num primeiro momento, mas é o tipo de gasto que se prova um investimento lá na frente, porque fornece muitos insumos para que você trabalhe a sua marca e tome decisões embasadas em dados, que costumam se manter relevantes numa janela de até três anos. Quando bem-feita, uma pesquisa pode nos ajudar a ajustar o produto, a estratégia de mídia, o planejamento de redes sociais, a abordagem de vendas, de pós-vendas ou até mesmo a identidade visual e textual da nossa marca.

Contudo, é ingenuidade pura presumir que todo empreendedor seja capaz de arcar com um custo dessa natureza em um país onde quase metade dos empreendedores abrem suas empresas por necessidade.[42] Por isso, faço questão de tranquilizar você, que não tem condições de contratar um instituto de pesquisa: é possível fazer gratuitamente.

Como eu já comentei anteriormente neste mesmo capítulo, esses mesmos institutos de pesquisa divulgam estudos sobre diversos segmentos do mercado brasileiro, até como uma estratégia de gerar leads. Você preenche um breve formulário com seu e-mail e seu telefone, faz o download do material, e eles ganham seu contato para tentar converter uma venda no futuro. Por terem esse intuito comercial, comumente são pesquisas bastante genéricas, mas – lembre-se do que vou dizer agora – é melhor ter algum dado do que ter dado nenhum.

Para captar algumas percepções mais específicas e direcionadas, você pode gerar um formulário em algum software gratuito, como Google Forms, JotForm ou TypeForm, e

---

42   1 A CADA 2 empreendedores ainda abre negócio por necessidade. **G1**, 24 mar. 2022. Disponível em: https://g1.globo.com/empreendedorismo/noticia/2022/03/24/1-a-cada-2-empreendedores-ainda-abre-negocio-por-necessidade.ghtml. Acesso em: 16 fev. 2024.

disparar para a sua base. Mas a minha recomendação é que, antes de apostar nesse formato para coletar dados quantitativos, você se dedique a fazer uma pesquisa qualitativa. Elabore um roteiro de perguntas mais subjetivas, selecione alguns clientes da sua base e também potenciais compradores e ligue ou faça uma videoconferência com eles. Depois você lança o formulário, para quantificar as opiniões coletadas na pesquisa qualitativa. Aqui é importante ter a consciência de que, provavelmente, a sua base já é um recorte favorável a você e que, portanto, os dados extraídos dela podem (e serão) mais tendenciosos.

Se você não é especialista em pesquisa, seja o empreendedor disposto a olhar diretamente para o consumidor e a procurar soluções fora da caixa. E justamente por não ser pesquisador, você provavelmente vai encontrar dificuldades para desenhar a pesquisa e elaborar perguntas adequadas, que não sejam enviesadas ou sem utilidade. Porém, com tempo e paciência, é sempre possível estudar e adquirir pelo menos uma base de conhecimento que seja útil tanto para desenvolver a pesquisa quanto para, posteriormente, analisar os resultados e interpretar os dados.

Repito o que disse logo acima: melhor algum dado do que dado nenhum. Pelo menos, tomando como base as respostas de um grupo de pessoas, você já sai do terrível campo do achismo.

O DESCRÉDITO DA PESQUISA: UMA TRISTE REALIDADE NO BRASIL

É impossível mencionar o achismo sem falar do descrédito que as pesquisas vêm sofrendo no Brasil, e ouso dizer que também no mundo. É um fenômeno relacionado à diminuição da importância da ciência, à proliferação das fake news e à falta de confiança nas instituições em geral.

Segundo o Trust Barometer 2023, relatório especial desenvolvido pela agência global de comunicação Edelman, 64% dos brasileiros confiam nas empresas e 60% confiam nas ONGs, mas apenas 46% confiam na mídia e 40% confiam no governo.[43] Há uma crise de credibilidade generalizada, e os motivos são variados. Porém, é preciso separar o joio do trigo. Assim como há empresas, ONGs, veículos de mídia e governantes confiáveis e não confiáveis, há institutos de pesquisa sérios e também os descompromissados. Você precisa apenas saber quais deles contratar.

Certa vez, atendi a um cliente de um segmento específico dentro da área da saúde. Contratamos uma pesquisa de mercado sobre o segmento em que ele atuava e chegamos ao dado de que 67% dos brasileiros que consumiam o tipo de produto que ele comercializava eram mulheres. Ele ficou estarrecido, dizendo que os dados eram mentirosos. Sua marca não se comunicava com o público feminino, e ele provavelmente não queria lidar com o desconforto de admitir que sua estratégia de comunicação estava errada.

Em vez disso, foi ativando diversos filtros na pesquisa, até chegar a resultados próximos do que ele acreditava ser a

---

[43] 2023 EDELMAN trust barometer. **Edelman.** Disponível em: https://www.edelman.com/trust/2023/trust-barometer. Acesso em: 16 fev. 2024.

realidade. Eu o alertei, dizendo que agora, sim, havia um viés naqueles dados. Ele não mudou de postura, e a conclusão a que eu cheguei foi que aquele empreendedor provavelmente vai ter uma marca sempre nichada e com o alcance limitado, mesmo que o intuito dele seja crescer em participação de mercado.

Esse episódio me faz lembrar do que um dia me disse um grande parceiro nesse universo do branding em entrevista ao meu podcast, o *Branding em Tudo*, Richard Stad, CEO da marca de moda masculina Aramis e Urban Performance.

"Fazer pesquisa dói", certa vez ele me confessou. E realmente dói. Os resultados de uma pesquisa podem mexer com o ego do empreendedor ao colocá-lo diante de um cenário oposto ao que ele sempre achou que fosse o real. Por isso, é preciso coragem e peito aberto para receber tudo o que virá a partir de uma pesquisa.

Pode ser que você tenha trabalhado durante anos para construir uma marca premium, mas que ela seja encarada como popularesca pelos seus públicos de interesse. Diante disso, você tem duas alternativas: trabalhar para ajustar essa percepção ou levar para o pessoal e se ofender, descredibilizando a pesquisa e dizendo que ela não serve.

Acho que eu nem preciso dizer qual delas tem maior chance de sucesso, né?

Vambora materializar o benchmark de maneira visual? Assim fica fácil você entender os pontos de diferenciação, como também quais são os pontos em comum entre você e o seu concorrente.

AMPLIE SEU CONHECIMENTO

Para continuar aprendendo sobre o tema, você pode escutar os seguintes episódios do meu podcast *Branding em Tudo*, disponível nas principais plataformas de áudio:

Episódio #012: Como marcas podem ter posicionamentos fora do comum?
Episódio #018: Quebre o viés de confirmação.
Episódio #072: Os desafios da gestão de uma marca de moda (Aramis x Urban Performance).
Episódio #090: Os desafios de branding no mercado pet (com Petz).

Benchmark de Mercado

Sua marca:

Benefícios da marca
-
-

Diferenciais da marca
-
-

Valores da marca
-
-

Causas
-
-
-

Concorrente:

Benefícios da marca
-
-

Diferenciais da marca
-
-

Valores da marca
-
-

Causas
-
-
-

Concorrente:

Benefícios da marca
-
-
-

Diferenciais da marca
-
-
-

Valores da marca
-
-
-

Causas
-
-
-

Concorrente:

Benefícios da marca
-
-
-

Diferenciais da marca
-
-
-

Valores da marca
-
-
-

Causas
-
-
-

12

O quarto passo:
construir sua plataforma de marca

Tudo na vida é uma questão de escolha?

Definitivamente não. Nós não escolhemos a nossa orientação sexual nem a cor da nossa pele. Não escolhemos os nossos traumas nem os nossos talentos. Não escolhemos a hora de nascer, tampouco a de morrer. Mas escolhemos algumas das coisas que vamos fazer nesse intervalo, e como vamos fazê-las.

A partir do momento em que você se torna empreendedor, seja por escolha ou por necessidade, pode escolher os espaços que a sua marca vai ocupar. Algumas dessas escolhas podem ser irremediavelmente ruins. Como copiar o seu principal concorrente, por exemplo. Por mais que ele seja líder ou que você o admire, não caia nessa tentação, ou você estará sujeito a ser visto eternamente como uma cópia malfeita e barateada de algo original.

Por outro lado, há escolhas que podem ser certeiras e contribuir muito para o sucesso da sua marca. No capítulo anterior, você aprendeu a fazer um bom benchmarking e a identificar espaços vazios no mercado em que vai atuar. Agora, é a hora de escolher quais desses espaços ocupar. Em outras palavras, é o momento de construir uma plataforma de marca baseada na diferenciação.

MAS O QUE É PLATAFORMA DE MARCA?

Não existe um consenso no Marketing sobre o que seria a tal da plataforma de marca. Alguns autores dizem que se trata do universo no qual a marca navega com tranquilidade e domínio, configurando um ponto de interesse do consumidor. Nessa lógica, a plataforma de marca da cerveja Becks, por exemplo, seria a música eletrônica, já que ela patrocina vários eventos do setor, organiza diversas ações direcionadas ao público que gosta desse tipo de música e se comunica de maneira apropriada com ele.

Para outros autores, e é nessa corrente que eu me encaixo, a plataforma é algo mais fixo e menos transitório. Assim como uma plataforma de petróleo é o que suporta toda a estrutura de perfuração e produção de petróleo em alto mar, uma plataforma de marca é o que suporta tudo o que a marca é, executa e comunica. É um alicerce que sustenta a essência, os atributos, o posicionamento de mercado, os valores, as causas e a maneira de uma marca se expressar verbal e visualmente. É a base que garante uma certa coerência entre todos os elementos do branding de uma marca.

Há marcas que apoiam suas plataformas em carinho, cuidado, disrupção, agilidade... A Apple, por exemplo, é uma marca cuja plataforma se alicerça na excelência do design, o que se reflete não só nos produtos que a empresa comercializa, mas também na comunicação dela com os clientes e nos valores que ela dissemina mundo afora. Ao enxergar o design como ferramenta para criar experiências encantadoras e também para se expressar como marca, a Apple faz valer através do design o seu propósito, que é "mudar o mundo e a forma como as pessoas se comunicam".[44]

Ou seja, tudo sempre vai convergir para a plataforma de marca. Mas como fazer essa construção? Como definir cada um dos elementos do branding de forma que eles façam sentido entre si? Como entender qual é a plataforma da sua marca?

É sobre isso que conversaremos nas próximas páginas. Ao navegarmos pelos conceitos, benefícios e modo de fazer dos elementos centrais do branding – propósito, atributos, arquétipos, tom de voz, expressão verbal e expressão visual –, vamos terminar este capítulo com uma plataforma de marca construída de maneira sólida e coerente.

---

[44] VOCÊ sabe qual é o propósito do seu e-commerce? **E-commerce Brasil**, 24 set. 2020. Disponível em: https://www.ecommercebrasil.com.br/artigos/voce-sabe-qual-e-o-proposito-do-seu-e-commerce. Acesso em: 16 fev. 2024.

O PROPÓSITO DE MARCA

Ganhar dinheiro. Aproveitar uma oportunidade inexplorada de mercado. Entregar um produto de qualidade. Oferecer um serviço impecável.

Não é raro empreendedores iniciantes responderem algo desse tipo quando perguntados sobre o propósito de suas marcas. Num país onde somente a minoria dos empreendedores abrem suas empresas de maneira planejada, esse tipo de falha de entendimento é mais do que compreensível: é esperada. O problema, contudo, é que a falta de clareza sobre o assunto não é um mero detalhe. É um fator que pode prejudicar a diferenciação perante a concorrência, a fidelização dos públicos de interesse e, consequentemente, a rentabilidade e a sustentabilidade da marca.

Então qual o conceito correto de propósito de marca?

De maneira simples, o propósito de uma marca é a razão pela qual ela existe para além do lucro. É a contribuição que ela pode deixar para o consumidor, para a sociedade ou para o planeta, seja por meio do apoio a uma causa ou a um grupo minorizado, por promover experiências especiais para seus públicos de interesse ou por incentivar uma mudança de comportamento benéfica para o mundo.

E quais as vantagens que uma marca pode obter ao definir um propósito para si?

Várias. A primeira e mais óbvia delas é a tão desejada diferenciação. Como já falei outras vezes ao longo deste guia, num cenário em que os produtos comercializados pelas mais diversas empresas entregam benefícios muito parecidos, as marcas precisam se apoiar em outros atributos que não os funcionais para conseguirem se diferenciar. Nesse contexto, a diferenciação pelo propósito pode ser bastante eficaz e configurar um motivo convincente para que o consumidor escolha a sua marca, e não a do seu concorrente, já que, como vimos, 67% das pessoas estão dispostas a pagar mais por produtos de empresas que compartilham com elas valores e crenças em comum.

Consideremos novamente a Natura e a Avon, por exemplo. Ambas as marcas vendem produtos de cuidado para o corpo e para o rosto, desenvolvidos com matérias-primas de qualidade e comercializados a preços similares. Porém, elas têm propósitos tão diferentes entre si, que comparar as duas marcas chega até a ser meio *nonsense*. Enquanto a Natura tem como propósito a preservação do meio ambiente, a sustentabilidade da cadeia produtiva e a remuneração justa dos produtores locais, a Avon se coloca como a marca que representa o empoderamento feminino, abordando questões como desigualdade de gênero, violência contra a mulher e combate ao câncer de mama. São propósitos tão divergentes, que parece que estamos comparando banana e maçã, mesmo que sejam marcas do mesmo segmento.

A segunda vantagem que eu costumo elencar é que o propósito torna a marca mais resistente às intempéries do mercado e às instabilidades da vida, porque está acima de toda e qualquer mudança. A sua marca passou por um rebranding? O propósito segue lá. Você precisou redesenhar toda a sua esteira de produtos? Sua marca vai continuar carregando o mesmo significado na cabeça do consumidor, porque o propósito se mantém o mesmo. Decidiu expandir para o mercado internacional? A percepção desse novo público será construída em cima do mesmo velho propósito.

Um bom exemplo para ilustrar a resistência do propósito é a Havaianas. Fundada em 1962, a marca começou suas operações produzindo as famosas sandálias de borracha, com o propósito de difundir a alegria de viver do brasileiro. Hoje, ela expandiu consideravelmente seu catálogo e passou a vender roupas, bolsas, óculos de sol, biquínis, toalhas, boias: uma diversidade impressionante de produtos que conseguem, na sua totalidade, continuar transmitindo a alegria do brasileiro.

A terceira vantagem que vale ser destacada é que o propósito age como um grande parametrizador. Quando bem definido, ele deixa claro o terreno de atuação da marca, facilitando as tomadas de decisão e evitando que a empresa se deixe levar pelo achismo ou pela vaidade. A Me Poupe, por exemplo, marca de educação financeira criada pela influenciadora e jornalista Nathalia Arcuri, tem como propósito dar ao consumidor a liberdade através do controle do dinheiro. Se ela receber uma proposta para patrocinar o Rock in Rio, por exemplo, provavelmente declinará, porque, por mais visibilidade que um evento desse porte possa trazer, ele não tem nada a ver com o propósito da marca. Não ajuda a construir o legado que ela se propõe a deixar para o planeta e, portanto, patrociná-lo não seria um investimento inteligente.

Por fim, gosto também de pensar que o propósito é uma forma de manter as marcas conectadas com o espírito do tempo. Uma pesquisa desenvolvida pelo grupo de pesquisas de mercado HSR Specialist Researchers mostrou que 53% dos consumidores pertencentes à geração Z (formada por pessoas nascidas entre 1995 e 2010) preferem comprar de marcas que tenham um propósito e estejam engajadas em causas ambientais ou sociais.[45] Ou seja, definir um propósito e se mobilizar para amenizar desde hoje os impactos negativos que a sua operação provoca no mundo é também uma maneira de se tornar mais rentável amanhã.

QUEM LACRA LUCRA, SIM!

De alguns anos para cá, "quem lacra não lucra" se tornou uma expressão corriqueira entre os grupos conservadores que se opõem à popularização de pautas relacionadas à diversidade e inclusão. É uma maneira irônica que eles encontraram de se manifestar contra empresas comprometidas com ações sociais e ambientais, dando a entender que, quando marcas se posicionam a favor de grupos minoritários, merecem ser boicotadas e ter sua reputação manchada.

Para a alegria de quem, assim como eu, carrega o compromisso de tornar o mundo corporativo mais humano e responsável, a expressão vem se mostrando falaciosa ano após ano. São diversos os dados que

---

45   QUEM é a geração Z? Conheça as características desse grupo. **HSR.** Disponível em: https://hsr.specialistresearchers.com.br/blog/geracao-z/. Acesso em: 16 fev. 2024.

comprovam que é perfeitamente possível "lacrar" e lucrar. Vou deixar a seguir apenas quatro deles, para suscitar uma reflexão mais aprofundada sobre o assunto.

1. Empresas com maior diversidade de gênero entre os executivos têm 21% mais probabilidade de ter melhor desempenho que a concorrência, de acordo com pesquisa realizada pela consultoria global McKinsey em 2017.[46]

2. Empresas com mais diversidade étnica e cultural têm 33% mais probabilidade de apresentar um bom desempenho financeiro, em comparação às demais empresas do mesmo setor, segundo a mesma pesquisa.

3. 85% dos brasileiros acreditam ser importante que marcas falem sobre diversidade, é o que aponta estudo realizado pela Samsung em colaboração com a empresa de inteligência de mercado Bridge Research.[47]

---

46 HUNT, D.; YEE, L.; PRINCE, S.; DIXON-FYLE, S. A diversidade como alavanca de performance. **McKinsey & Company**, 18 jan. 2018. Disponível em: https://www.mckinsey.com/capabilities/people-and-organizational-performance/our-insights/delivering-through-diversity/pt-BR. Acesso em: 16 fev. 2024.

47 PESQUISA da Samsung aponta que a maioria dos consumidores acredita ser importante para as marcas falarem de diversidade. **Samsung Newsroom Brasil**, 15 jan. 2019. Disponível em: https://news.samsung.com/br/pesquisa-da-samsung-aponta-que-a-maioria-dos-consumidores-acredita-ser-importante-para-as-marcas-falarem-de-diversidade. Acesso em: 16 fev. 2024.

> **4.** Capitã Marvel, um dos poucos filmes protagonizados por uma super-heroína, arrecadou US$ 1,1 bilhão, ocupando o posto de 23º filme com maior bilheteria na história do cinema, segundo a Forbes.[48]

COMO DEFINIR UM PROPÓSITO PARA A MINHA MARCA?

— Galileu, eu já entendi o que é propósito e já me convenci da importância dele para o meu negócio. Mas como chegar a uma definição?

Essa é uma dúvida que assola tanto empreendedores quanto gestores de marca. Afinal, definir um propósito não é tarefa fácil, tendo em vista que ele deve comunicar a essência da marca, se conectar com as crenças do fundador, estar alinhado com os valores do público de interesse e ser transversal a todas as atitudes da empresa.

Para alívio de uns e desespero de outros, já digo de antemão que o propósito nunca é escolhido: ele é revelado. Pode ser que você nunca tenha parado para pensar no propósito da sua marca e que ele surja com clareza em uma sessão de uma hora de brainstorming, porque já criou seu negócio com o intuito de que ele fosse socialmente útil e relevante. Ou pode ser

---

48   HUGHES, M. 'Captain Marvel' tops $1 billion as 7th-biggest MCU release of all time. **Forbes**, 3 abr. 2019. Disponível em: https://www.forbes.com/sites/markhughes/2019/04/03/captain-marvel-tops-1-billion-as-7th-biggest-mcu-release/?sh=434831716195. Acesso em: 16 fev. 2024.

que você se debruce sobre essa questão diariamente e não encontre uma resposta.

Não importa em qual dos dois grupos você se encontra: este livro vai te ajudar, precise você encontrar o seu propósito ou apenas lapidá-lo. A seguir, apresentarei duas metodologias bastante eficazes na revelação do propósito de marca. Mas, antes, quero que você reflita a respeito das seguintes questões:

1. A sua marca tem alguma crença ou contribuição para alguma parte da sociedade?
2. Existe algum orçamento destinado para apoio de ONGs/causas no planejamento da empresa ou da área de marketing?
3. O percentual destinado para uma causa é relevante ou é muito pequeno?
4. Há, em algum ponto de contato com a marca, prestação de contas do que foi feito com esse orçamento?
5. Nas últimas campanhas de marketing, houve alguma iniciativa para mudança de ponto de vista, quebra de padrões ou dar luz a algum assunto relevante na sociedade atual?
6. Existe consistência nas ações com causas/propósitos ou elas só ocorrem pontualmente?
7. Essa causa/propósito se reflete em toda a companhia ou apenas tem destaque nas campanhas de comunicação?
8. Há interesse genuíno na construção de marca com propósito vindo da liderança/diretoria da empresa?
9. O propósito escolhido é entregável, crível e relevante para o consumidor?
10. O propósito é inspirador para a empresa?

Essas dez perguntas fazem parte do Questionário do Propósito, um material que eu desenvolvi com base nos mais de catorze anos de experiência que tenho em branding. Para as marcas que já atuam alinhadas a um propósito, mas que ainda não o formalizaram, refletir sobre essas perguntas pode ser um exercício bem significativo para trazer à tona, de maneira organizada, a razão pela qual a marca existe.

Agora, se você não tem qualquer indício sobre qual é o propósito da sua marca, talvez responder o questionário tenha sido uma tarefa um tanto quanto desesperadora. Se esse foi o seu caso, calma. A seguir, nós vamos conversar sobre o Círculo Dourado e os Cinco Porquês, e a vida da sua marca nunca mais será a mesma.

O CÍRCULO DOURADO

Círculo Dourado (ou Golden Circle, em inglês) é uma metodologia desenvolvida pelo etnógrafo e escritor Simon Sinek inicialmente para ajudar líderes a se comunicarem de maneira engajadora com seus times.[49] Depois de ganhar relevância no mundo corporativo, ela foi adaptada para o branding, para auxiliar as marcas a entenderem por que e como fazem o que fazem.

---

[49] SINEK, S. **Comece pelo porquê:** como grandes líderes inspiram pessoas e equipes a agir. Rio de Janeiro: Sextante, 2018.

Durante anos, Sinek conversou com líderes influentes e inspiradores até descobrir que as equipes se apaixonam pelas razões que levam cada líder a agir, e não pelas atitudes que eles tomam. A partir daí, o marketing se apropriou do método, guiado pela seguinte linha de raciocínio: os consumidores compram de uma marca quando entendem o seu propósito, não quando são simplesmente apresentados ao que ela faz.

Visualmente, essa metodologia é representada por três círculos concêntricos. Cada um deles contém uma pergunta, que deve ser respondida do círculo menor para o maior.

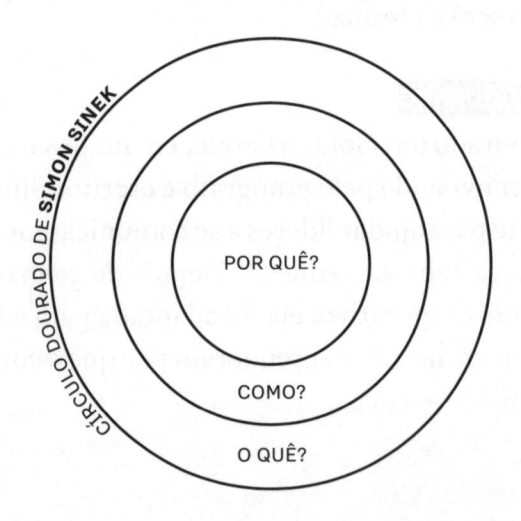

CÍRCULO DOURADO DE SIMON SINEK

- POR QUÊ?
- COMO?
- O QUÊ?

São três perguntas aparentemente simples, mas que podem ser bastante reveladoras. Eu as adaptei e as trouxe para o universo do branding. Vamos lá!

1. POR QUÊ?

Por que a sua empresa/marca/projeto foi criado? Qual o objetivo que a fez nascer? Qual a razão para ela existir na nossa sociedade? O que move os líderes a acordarem pela manhã e trabalharem por essa marca? Aqui é a hora de você ir além dos objetivos financeiros. Ganhar dinheiro, empregar pessoas, aproveitar uma oportunidade de mercado ou oferecer uma alternativa de qualidade em um mercado com concorrentes fracos são razões legítimas para se construir um negócio, mas não são propósitos.

2. COMO?

O que você faz para transformar esse "por quê" em realidade? Como você transfere o propósito do mundo das ideias para o mundo real? Através de quais abordagens a sua marca/empresa/projeto constrói o propósito definido? Não é o momento de detalhar processos ou estruturas operacionais, mas, sim, de elencar ações mais amplas e gerais. Por exemplo: democratizando o acesso à informação, oferecendo cursos de baixo custo, promovendo a inclusão através de programas de bolsas, desmistificando um assunto complexo, mostrando que todo mundo pode fazer...

3. O QUÊ?

É a parte final da construção e contempla tudo o que a sua marca entrega para o cliente. Quais produtos e serviços você oferece para tornar seu POR QUÊ e o seu COMO tangíveis? Aqui podem entrar perfumes, roupas, coleções, eletrodomésticos, livros, vídeos, podcasts, palestras, softwares...

Apesar de ser a última etapa da metodologia, é geralmente por aqui que as empresas começam. Primeiro elas pensam nos produtos e serviços que podem oferecer ao público, para só depois criar justificativas e abordagens para aquilo que fazem. Essa inversão não chega a ser exatamente um problema, mas pode dificultar a definição de um propósito verdadeiro e, consequentemente, a fidelização do público.

Especialistas em inteligência emocional dizem que compramos com base na emoção e só recrutamos a razão para justificar a compra.[50] Por isso é tão importante ter consciência a respeito do propósito da sua marca. É ele quem vai servir como apelo emocional para que o seu público de interesse compre de você, e não da concorrência.

Além disso, se começar criando uma esteira de produtos para só no final definir por que está fazendo tudo aquilo, pode chegar à desagradável conclusão de que os seus produtos não servem ao seu propósito. E como o propósito é soberano e transversal a todas as questões que envolvem a marca, mudá-lo não é, ou pelo menos não deveria ser, uma opção.

---

50 CHIEROTTI, L. Harvard professor says 95% of purchasing decisions are subconscious. **Inc.**, 26 mar. 2018. Disponível em: https://www.inc.com/logan-chierotti/harvard-professor-says-95-of-purchasing-decisions-are-subconscious.html. Acesso em: 16 fev. 2024.

Se você tem uma escola de programação com o propósito de democratizar o acesso ao conhecimento para as classes mais baixas, mas oferece cursos de R$ 5 mil e não tem um programa de bolsas, o seu produto é conflitante com o seu propósito, e precisa ser revisto.

OS CINCO PORQUÊS

Você não precisa ser uma pessoa aficionada por carros para enxergar a magnitude da indústria automobilística quando o assunto é estabelecer processos. Por possuírem linhas de produção complexas e cheias de etapas, as fábricas de automóveis foram responsáveis por disseminar mundo afora sistemas de produção como o fordismo, adotado na Ford, e o toyotismo, praticado pela Toyota.

Engana-se quem acha que esses sistemas ficaram restritos à lógica industrial. Empresas de diversos ramos de atuação carregam, até hoje, algumas heranças dessas metodologias. Uma delas é os Cinco Porquês, um método de análise de causa raiz criado pela Toyota.[51] Basicamente, é uma forma de encontrar a origem de um problema, perguntando por que cada fato aconteceu e desenhando, assim, uma cadeia de causas e consequências até chegar à causa raiz. Ao ponto originário. Ao Big Bang.

---

51 OHNO, T. **Toyota production system.** Cambridge: Productivity Press, 1988.

A técnica também foi adaptada para o universo do branding, mas, desta vez, com o objetivo de auxiliar na definição do propósito de marca.

Certa vez, na Galileo Branding, atendi uma escola de dança contemporânea chamada Cortez que queria estruturar sua marca. Era um negócio bastante legal, e o fundador transparecia paixão pelo que fazia. Mas paixão não é propósito, e a gente precisava encontrar a razão para ele ter criado aquela escola. Descobrir o que o fazia levantar da cama pela manhã para dar aula. Esquematizar, em poucas palavras, qual a contribuição que aquela marca poderia deixar para a sociedade.

Então, apliquei a técnica dos Cinco Porquês, e chegamos à seguinte linha de raciocínio:

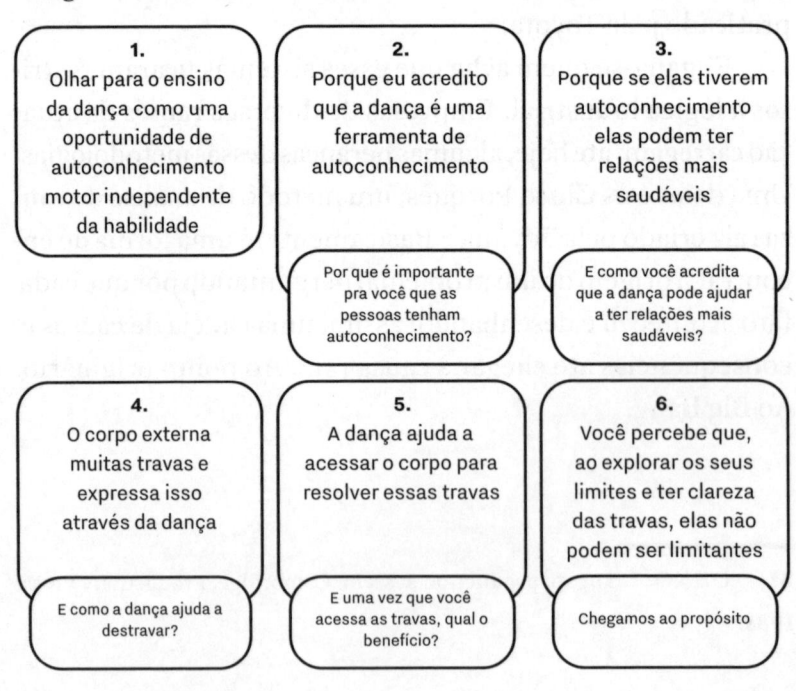

1. Olhar para o ensino da dança como uma oportunidade de autoconhecimento motor independente da habilidade

2. Porque eu acredito que a dança é uma ferramenta de autoconhecimento

Por que é importante pra você que as pessoas tenham autoconhecimento?

3. Porque se elas tiverem autoconhecimento elas podem ter relações mais saudáveis

E como você acredita que a dança pode ajudar a ter relações mais saudáveis?

4. O corpo externa muitas travas e expressa isso através da dança

E como a dança ajuda a destravar?

5. A dança ajuda a acessar o corpo para resolver essas travas

E uma vez que você acessa as travas, qual o benefício?

6. Você percebe que, ao explorar os seus limites e ter clareza das travas, elas não podem ser limitantes

Chegamos ao propósito

Depois dos Cinco Porquês, conseguimos encontrar um motivo legítimo para a marca merecer um espaço na mente e no coração dos consumidores, um verdadeiro e inspirador propósito: a Cortez acredita que dançar tem o poder de mostrar a cada um que limites podem ser superados.

E embora o método dos Cinco Porquês pareça de fácil execução, em linhas gerais, é só ir perguntando o porquê das coisas até chegar ao propósito, ele exige bastante sensibilidade. Afinal, qual é a hora de parar de buscar os porquês? Como eu sei que me deparei com o cerne do propósito? Quando devo me dar por satisfeito?

Eu costumo usar como termômetro a sensação de que saímos de um lugar genérico. Há algum tempo, estava construindo o branding de uma empresa do mercado imobiliário e, logo que começamos a técnica dos Cinco Porquês, os representantes da empresa cliente responderam que o negócio servia para facilitar o acesso do brasileiro à casa própria.

Por mais que essa seja a função de uma imobiliária, um banco poderia reivindicar a mesma coisa. Uma construtora. Um programa do Governo Federal, no estilo Minha Casa, Minha Vida. Uma assessoria de investimentos. E se a carapuça serve para diversos modelos de negócio, é sinal de que ela não foi feita sob medida, ou seja, é muito genérica.

O brainstorming começou a ficar interessante quando os participantes se dispuseram a falar sobre suas indignações com o setor: é um mercado corrompido, a concorrência é muito desleal, falta ética nas negociações... Ali, naquelas palavras acaloradas, eu vi especificidade. Mais do que isso, eu vi sentimento. E como estrategista, comparei com as considerações do benchmarking de marcas que havíamos feito na etapa anterior e percebi que aquele era um espaço vazio e que a marca tinha, portanto, a possibilidade de se posicionar de maneira inédita como uma empresa do ramo imobiliário que atua em verdadeira parceria com os proprietários, compradores e corretores de imóveis.

Mais do que ter sensibilidade, é uma questão de praticar a escuta ativa. Geralmente, o incômodo que vai dar origem ao propósito vem na forma de uma frase solta, que aparece mais ou menos nos quinze minutos finais de uma reunião de duas horas. As pessoas nem sequer percebem que falaram algo valioso. E aí, cabe ao estrategista se manter atento para garimpar a pedra preciosa em meio ao cascalho.

Conduzir uma sessão de busca de propósito exige também do estrategista um certo repertório sociocultural, para agregar à discussão questões que o cliente não está enxergando. Quando eu atendo uma marca fitness, por exemplo, é impossível não levar alguma provocação sobre a cultura *body positive*, ou seja, a tendência das pessoas de amar o próprio corpo como ele é.

Não significa, de maneira nenhuma, que a marca tenha que lutar por essa causa e transformá-la em seu propósito. Mas é trazendo esse tipo de assunto para a roda que a gente consegue enriquecer a discussão e fugir do óbvio. Sem contar que, ao levantar esse tipo de pauta numa mesa com os clientes, você traz à tona o seu propósito como estrategista de marca, que é abrir a mente de quem te contratou, romper com padrões socioculturais que talvez não façam mais sentido no tempo em que estamos vivendo e até mesmo ajudar as marcas a serem menos preconceituosas ao sugerir pontos de vista diferentes do que os que dominam o dia a dia da empresa.

Por fim, qual é o propósito da Galileo Branding?

> Construir marcas mais humanas, responsáveis e inspiradoras de maneira estratégica que sejam capazes de se diferenciar e, ao mesmo tempo, contribuir para transformarem a sociedade em um lugar mais diverso e inclusivo.

É isso o que me move. Que me estimula a levantar da cama todos os dias, faça chuva ou faça sol. Que me traz a sensação de que a minha marca faz a diferença no mundo. Esse é o meu propósito.

Não, ele não foi inventado. Ele emergiu de dentro de mim. Enquanto a maioria das marcas de branding tem como propósito coisas como "construir marcas mais fortes e mais rentáveis" e "contribuir para que as marcas cresçam paralelamente ao aceleramento dos negócios", a minha vivência me fez definir como propósito algo que vai muito além do lucro.

Eu vivi episódios de homofobia na minha vida pessoal e profissional. Cresci rodeado por marcas que não me representavam. Vi marcas sendo irresponsáveis com causas que diziam defender, mas era apenas uma bandeirinha colorida no mês do orgulho. Conheci de perto marcas que fizeram propostas incríveis para atrair grandes talentos através do *employer branding*, mas que mandaram todo mundo embora na primeira oportunidade.

Tudo isso me fez ter a certeza de que eu não quero criar marcas que não se envolvam verdadeiramente em causas importantes. Que não praticam o que falam. Que têm consciência dos impactos negativos de sua atuação, mas que não fazem nada para mitigá-los.

Eu quero viver num mundo melhor. Mais diverso, mais inclusivo, mais respeitoso, mais sustentável. Por isso, quero ajudar a construir marcas que levem a nossa sociedade para frente. Estar comprometido com o futuro é quase que uma condição para ser meu cliente. Obviamente que levar o mundo a evoluir não é um papel destinado exclusivamente a uma marca, mas a sua existência através das ações de marketing, comunicação e publicidade definitivamente ajuda a moldar comportamentos que podem ser muito bem transformados ou até mesmo abandonados.

No fundo, tenho a plena consciência de que as marcas não são nossas amigas e de que o objetivo final de todas elas é ganhar dinheiro. Mas se as marcas que eu ajudo a criar tiverem valores congruentes com os meus e aproveitarem da sua influência para colocar esses valores em prática, sinto que posso deitar a cabeça no travesseiro e descansar tranquilamente todas as noites.

E agora que você aprendeu sobre o Golden Circle e a Técnica dos Cinco Porquês, qual é o propósito da sua marca?

_____
_____
_____
_____

OS ATRIBUTOS DE MARCA

O cérebro humano é uma máquina extremamente complexa. Entre as diversas funções que ele exerce, está a memória. E um dos mecanismos que ele desenvolveu para que possamos memorizar as coisas foi a associação, que nada mais é do que a construção de "pontes" entre eventos aparentemente aleatórios. Por exemplo: na casa da minha avó, eu comia bolo de laranja. E a minha avó era uma pessoa afetuosa. Então, até hoje, quando eu como bolo de laranja, me sinto acolhido, abraçado, amado. Eu memorizei o bolo de laranja como uma comida afetiva.

Por mais que a gente não perceba, o cérebro faz associações o tempo todo. Inclusive quando somos expostos a um produto ou a um conteúdo de uma marca. Coca-Cola é refrescante. Phebo é o sabonete que minha mãe usava. Tênis da Nike é o dos atletas de elite. Nubank é um banco muito prático. Magazine Luiza tem preços bons.

Cada uma dessas associações ou percepções pode ser chamada de atributo de marca. São características que a marca possui e que, graças à comunicação que ela faz com seus públicos, vão se fixando com mais ou menos intensidade na cabeça do consumidor.

Há três categorias de atributos de marca.

A primeira delas são os **atributos funcionais**, que englobam tudo aquilo que é tangível e que pode ser percebido através dos nossos sentidos: cheiros, texturas, cores, sabores, sons. São os primeiros requisitos que levamos em consideração na hora de comprar. Se uma marca tiver todos os atributos funcionais que procuramos, avançamos na decisão de compra.

Vamos supor que você vai comprar uma TV nova, por qualquer motivo que seja: mudou de casa, a antiga quebrou, precisa de uma com mais entradas HDMI... Tendo uma seleção inicial de marcas em mente, começa a verificar quais delas cumprem os requisitos funcionais de que você precisa.

Minha sala tem 2,40 metros, por isso procuro uma TV de 55 polegadas. Preciso ligar meu home theater, meu video game e minha Apple TV, então necessito de pelo menos três entradas HDMI. Estou transformando a minha casa em uma *smart home*, portanto, é essencial que a minha nova TV se conecte ao Google Home ou à Alexa. Quero uma decoração mais futurista, então procuro uma TV prateada.

Tamanho, quantidade de entradas HDMI, conectividade, qualidade da imagem e cor são os atributos funcionais que coloquei como obrigatórios. As marcas que não oferecerem algum deles já estão eliminadas da seleção. Por isso, é crucial que todo empreendedor preste atenção às funcionalidades que o consumidor valoriza e ofereça uma gama variada de produtos para atender aos mais diversos cenários.

Se você acha que isso é tão básico que nem vale o aviso, está completamente enganado. Meu maior desejo de dono de casa sempre foi ter uma geladeira inverse da Brastemp, aquelas de inox, com o freezer embaixo. Quando me mudei para o apartamento onde moro hoje, já estava decidido: ia, enfim, ter o meu eletrodoméstico dos sonhos. Acontece que o vão do meu armário tem 1,82m, e a altura da geladeira é 1,84m. Ou seja, não caberia. Por conta de um, apenas um, atributo funcional não oferecido, desisti da aquisição.

Pois bem. Voltando ao processo de decisão de compra, eliminadas as marcas que não cumprem todos os atributos funcionais que consideramos essenciais, vamos para a próxima etapa, guiada pelos **atributos emocionais**. Como o próprio nome diz, atributos emocionais são todos aqueles baseados na maneira como nos relacionamos emocionalmente com as marcas.

A marca que eu via minha mãe usando. A que defende valores nos quais eu acredito. A que oferece um design compatível com o meu gosto. A que me transmite segurança. A que presta um bom atendimento. Todas essas percepções são intangíveis. São mediadas mais pela nossa subjetividade do que pela realidade em si. Mas são tão importantes quanto os atributos funcionais, porque compõem a camada de diferenciação. Em um mundo no qual as diferentes marcas oferecem funcionalidades tão parecidas, são os atributos emocionais que vão fazer você ganhar o jogo, ou seja, que vão conquistar a preferência do consumidor.

Aqui, vale retomar uma informação que eu já trouxe anteriormente neste livro: nossas decisões são majoritariamente emocionais. Segundo o professor da Universidade de Harvard Gerald Zaltman, especializado em comportamento do consumidor, de 85% a 95% das decisões que tomamos diariamente são inconscientes e irracionais,[52] o que só reforça a importância de construir bem os atributos emocionais da sua marca.

---

52   CHIEROTTI, L. *op. cit.*

Oferecer funcionalidade é o básico. É no emocional que começamos a aprofundar as relações com os consumidores.

Tanto é que as marcas que se apoiam apenas na funcionalidade acabam ficando pra trás. Afinal, atributos funcionais são facilmente copiáveis. Basta o concorrente estudar a mesma tecnologia, que será capaz de desenvolver um produto ainda melhor que o seu.

Para além dos funcionais e emocionais, existem também os **atributos de autoexpressão**, aqueles que a marca constrói sobre si própria e empresta para seus consumidores. Quem calça um sapato Louboutin pega emprestado da marca o prestígio. Quem usa um perfume Chanel pega emprestado da marca a elegância. Quem carrega uma bolsa Louis Vuitton pega emprestado da marca a aura de bem-sucedido nos negócios.

É por isso, inclusive, que essas marcas fabricam peças com logos gigantescos estampados: para reforçar a autoexpressão de quem as usa. Quem quer para si os atributos da Prada, por exemplo, jamais pagaria 20 mil reais em uma blusa que não demonstrasse que é da marca.

E embora a autoexpressão seja mais comum no mundo da moda e da perfumaria, especialmente nas marcas de luxo, ela não se restringe a esses segmentos. Quando fazemos o unboxing de um Apple Watch e postamos nos stories do Instagram, por exemplo, estamos demonstrando que somos conectados, atentos à inovação e que temos acesso ao que existe de mais tecnológico no mundo aos nossos amigos. Quando exibimos nas redes sociais que recebemos um cartão de crédito *black*, estamos passando uma mensagem sobre a nossa classe social e o nosso padrão de consumo. Quando os alunos do BDP tiram foto no painel do evento ou postam a credencial nos stories, mostram para o mercado que estão se especializando intensivamente com um profissional que tem mais de catorze anos de experiência em branding para ajudá-los a se tornarem especialistas no tema.

Isso porque eu escolhi conscientemente construir esses atributos para a minha marca, ciente de que eles seriam valiosos para o meu público. Assim como os atributos funcionais e emocionais, os de autoexpressão são construídos com intencionalidade, por meio da comunicação. Mas as marcas também fazem pesquisas para saber como são percebidas por seus públicos, e, a partir daí, podem trazer novos atributos para sua estratégia.

Quando fiz a primeira edição presencial do BDP Imersão, em julho de 2023, eu quis gerar uma forte percepção de exclusividade, de qualidade e de praticidade. Por isso, investi em uma localização privilegiada, em um bom sistema de áudio e vídeo, em brindes sofisticados (e úteis) no kit de boas-vindas, em um buffet atrativo e em uma equipe disposta a proporcionar ao público a melhor experiência possível. Porém, quando disparei a pesquisa, percebi que, além de todos os atributos que eu havia escolhido desenvolver, meu público também percebia que o BDP era uma oportunidade para ativar uma boa rede de contatos, compartilhar dores e soluções com outros profissionais do mercado e se inspirar em uma atmosfera imersiva: três atributos que eu poderia, ou não, adotar para a minha marca e reforçar por meio da comunicação verbal e visual.

Para além de evidenciar atributos que você, gestor de marca ou empreendedor, não percebe logo de cara, as pesquisas podem também mostrar em qual nível os consumidores associam a sua marca aos atributos que você escolheu desenvolver para ela. Vamos supor que um dos atributos que o consumidor espera de uma marca seja confiabilidade, mas que a associação que o seu público faz entre a sua marca e esse atributo seja baixa. Nesse caso, cabe a você fazer uma autoavaliação. Comparado aos meus concorrentes, eu realmente tenho baixa confiabilidade? Se sim, é preciso investir em testes e certificações, por exemplo. Se não, o problema está na comunicação. Pode ser que você fale pouco sobre quanto sua cadeia de fornecedores é responsável, sobre as certificações ISO que a sua empresa tem ou sobre os testes que realiza periodicamente para comprovar que seus produtos são seguros para o uso.

> Aqui, endosso mais uma vez a importância da pesquisa: ela é crucial para que você tome as decisões corretas para o crescimento da sua marca.

NÃO SE FALA EM OUTRA COISA – OU A BOA COMUNICAÇÃO DOS ATRIBUTOS

Certas marcas reforçam tanto determinados atributos em suas comunicações que chegam a alterar a dinâmica da categoria a que pertencem. Um exemplo clássico é o que a Rexona fez com a categoria de desodorantes. A marca falou tanto do atributo de proteção – "Rexona não te abandona", "Rexona não te deixa na mão. Nunca.", "Rexona garante 72 horas de proteção contra o suor e o mau odor" –, que as concorrentes se sentiram na obrigação de oferecer produtos com durabilidade similar. Mesmo que o Brasil seja o país onde mais se toma banho no mundo e que aqui quase ninguém fique setenta e duas horas com o mesmo desodorante.[53] Ela conseguiu tornar o atributo de "Proteção contra o suor" o mais importante da categoria na cabeça do consumidor.

Outro exemplo de boa comunicação a respeito dos atributos de uma marca foi o que a Avon fez na última prova do Big Brother Brasil 21.[54] Como a marca se propôs a falar sobre a Power Stay, sua linha de maquiagem que dura vinte e quatro horas na pele, elaborou uma prova de resistência em que os participantes, além de precisarem aguentar firme, eram submetidos a jatos de água, vento e calor, fazendo alusão à durabilidade dos produtos mesmo nas situações mais adversas.

---

[53] ROSA, B.; RODRIGUES, L. Comprovado: Brasileiro toma banho, escova os dentes e usa desodorante mais vezes que cidadãos de outros países. **O Globo**, 31 ago. 2021. Disponível em: https://oglobo.globo.com/economia/comprovado-brasileiro-toma-banho-escova-os-dentes-usa-desodorante-mais-vezes-que-cidadaos-de-outros-paises-25177148. Acesso em: 20 jun. 2024.

[54] COMEÇA a prova de resistência Avon Power Stay no BBB21. **Globoplay**, 2021. Disponível em: https://globoplay.globo.com/v/9476594/. Acesso em: 19 fev. 2024.

SÓ SE FALA EM OUTRA COISA – OU A MÁ COMUNICAÇÃO DOS ATRIBUTOS

Por outro lado, muitas marcas vacilam na comunicação de seus atributos, construindo percepções que não são relevantes para o consumidor. Imagine que uma marca de roupas insiste em comunicar sobre seu atendimento excelente ao cliente. Porém, na verdade, não é esse tipo de atributo que os consumidores da categoria valorizam. Eles seriam muito mais fiéis se a marca falasse sobre algodão sustentável e condições dignas de trabalho para os costureiros, por exemplo. Às vezes, a marca até segue essas boas práticas, mas, por não entender seu público, não fala delas e acaba perdendo oportunidades para a concorrência.

Também temos exemplos de falha de comunicação de atributos no BBB. Na edição de 2022, a marca de amaciantes Downy, que tem como principal atributo o perfume que dura mais tempo, patrocinou o almoço do anjo.[55] Acontece que perfume e comida são coisas completamente incompatíveis, ou você consegue se imaginar comendo estrogonofe num ambiente com cheiro de lírios do campo?

Por outro lado, no ano seguinte, a marca passou a oferecer a coroação do líder,[56] momento em que o participante ven-

---

55 DOUGLAS Silva aproveita Almoço do Líder com amigos. **Gshow**, 26 jan. 2022. Disponível em: https://gshow.globo.com/realities/bbb/bbb22/tempo-real/noticia/douglas-silva-aproveita-almoco-do-lider-com-amigos.ghtml. Acesso em: 19 fev. 2024.

56 SACCHITIELLO, B. Patrocinadores do BBB 23: veja quem são e quanto custam as cotas. **Meio & Mensagem**, 26 set. 2022. Disponível em: https://www.

cedor da prova vai para um quarto privativo, com uma roupa de cama especial, e veste um roupão sob medida. Tudo macio, tudo perfumado. Aquela, sim, foi uma boa ocasião para construir os atributos da Downy. Bola dentro.

Pensando na marca que você está trabalhando, quais seriam os seus atributos?

Funcionais:
_____
_____
_____
_____

Emocionais:
_____
_____
_____
_____

---

meioemensagem.com.br/midia/onze-patrocinadores-bbb-23#. Acesso em: 19 fev. 2024.

OS ARQUÉTIPOS

Embora a teoria dos arquétipos tenha sido criada por um dos grandes nomes da Psicologia e seja amplamente utilizada na publicidade até os dias de hoje, você não precisa ser psicólogo nem publicitário para ter ouvido falar dela. Basta logar em uma conta nas redes sociais para ser bombardeado por algum conteúdo do tipo, um carrossel ou um reels trazendo informações genéricas e dando a entender que a solução mágica para a crise de identidade que você ou a sua marca enfrentam é escolher um arquétipo e segui-lo à risca.

Por mais que receitas de bolo que prometem resolver nossos problemas num piscar de olhos sejam tentadoras, muita calma nessa hora, meu caro. Muita calma. Antes de qualquer coisa, vamos entender o que é a teoria dos arquétipos e de onde ela surgiu.

Carl Gustav Jung foi um psiquiatra e psicoterapeuta suíço, criador da Psicologia Analítica e de algumas teorias que impactam nossa vida até hoje, tais como a do inconsciente coletivo. Para Jung, havia dois tipos de inconsciente. De um lado, o pessoal, formado pela matéria psíquica reprimida ao longo da vida de um indivíduo. Do outro, o coletivo, uma instância da nossa mente irracional composta por sentimentos, pensamentos e acontecimentos herdados e compartilhados por toda a humanidade, independentemente das experiências individuais de cada um.[57]

---

[57] ABDO, H. 6 reflexões para entender o pensamento de Carl Jung. **Galileu**, 23 fev. 2017. Disponível em: https://revistagalileu.globo.com/Ciencia/noti-

É nessa porção coletiva do inconsciente que moram os arquétipos. Conforme a perspectiva de Jung, os arquétipos são representações mentais de modelos de comportamento que se formaram ao longo da evolução humana. Essas representações são comuns e encontram-se presentes em mitos, religiões, sonhos e narrativas em diversas épocas e culturas ao redor do globo.[58]

Um exemplo? O herói. De acordo com a teoria dos arquétipos, você não precisa ter visto ou vivido alguma experiência com um herói para saber que se trata de alguém que se sacrifica em prol de uma causa. Essa é uma imagem que está na nossa cabeça. Ninguém tem dúvidas de como um herói, um sábio ou um rebelde se comportam, muito menos dificuldade de entender os traços de personalidade dessas figuras. Por isso, em teoria, elas provocariam identificação imediata na população.

E é com base nessa lógica que as marcas procuram se encaixar em arquétipos. O que pode ser de grande valia por três grandes motivos.

O **primeiro** deles é que, sem dúvida, os arquétipos constituem um bom ponto de partida para a definição da personalidade de marca. Pegar uma lista com os doze principais arquétipos e ver com quais deles a sua marca mais se asseme-

---

cia/2017/02/6-reflexoes-para-entender-o-pensamento-de-carl-jung.html. Acesso em: 19 fev. 2024.

58 JUNG. C. G. **Arquétipos e o inconsciente coletivo vol. 9/1.** Petrópolis: Vozes, 2014.

lha é muito mais fácil do que determinar uma personalidade utilizando o seu próprio repertório.

O **segundo** é que, quando você define um arquétipo principal para a sua marca, já tem parâmetros para estabelecer os demais elementos da plataforma de marca. Se a sua marca segue majoritariamente o arquétipo do explorador, por exemplo, você já sabe que, visualmente, elementos como mapas, bússolas, aviões, barcos, montanhas e estradas de terra cairão bem tanto em ilustrações como em fotografias, afinal, esse é o universo imagético do explorador. Já textualmente, além de um léxico que seja familiar para pessoas que frequentam o universo das aventuras, as mensagens centrais precisam estimular as pessoas a se desafiarem, a saírem de suas zonas de conforto, a buscarem o desconhecido e a seguirem adiante mesmo nos caminhos tortuosos.

Por **último**, mas não menos importante, há o benefício de facilitar a identificação entre marca e consumidor. Quando uma marca define uma personalidade que faz parte do inconsciente coletivo, é natural e quase imediato que a população ou se reconheça naquela personalidade ou reconheça alguém que ocupa bem aquele lugar.

Porém, se você me acompanha nas redes sociais ou consome os conteúdos que eu produzo, provavelmente sabe que eu tenho algumas ressalvas com relação ao uso de arquétipos na publicidade.

Em primeiro lugar, porque os arquétipos são modelos pré-definidos, com suas características já determinadas, e se você resumir a sua marca exatamente à descrição do arquétipo que leu num livro ou na internet, como muitos empreendedores iniciantes fazem, vai ter uma marca parecida com várias outras que se encaixam no mesmo arquétipo.

Para se ter ideia de como é possível ter duas marcas completamente diferentes dentro do mesmo arquétipo, trago como exemplo a marca de energéticos Red Bull e a marca brasileira de bolsas e mochilas Nordweg. Ambas se apropriaram do arquétipo do explorador, mas cada uma à sua maneira. Enquanto a Red Bull segue o caminho de ser a marca que explora a adrenalina de viver e da alta intensidade e energia para isso, afinal, ela explora os mais diversos esportes radicais para demonstrar o fato, a Nordweg se apoia na liberdade como estilo de vida através da aventura e das viagens, que também é ponto-chave da personalidade do explorador.

A minha segunda ressalva com relação ao uso da teoria dos arquétipos na publicidade é pelo fato de que ela pode representar um engessamento, se aplicada indiscriminadamente e sem nenhuma criticidade. É claro que cada arquétipo tem uma maneira de se comportar e de se expressar verbal e visualmente, mas reproduzir a cartilha na íntegra pode fazer com que a sua marca soe robotizada, sem personalidade; mesmo que o intuito inicial dos arquétipos aplicados ao branding seja adicionar humanidade e personalidade à sua marca.

Por fim, me preocupa um pouco a banalização do assunto. Na Psicologia Analítica, a personalidade do indivíduo não é definida por arquétipos, mas, sim, pela elaboração deles com base nas vivências de cada um, num processo que Jung chamava de individuação.⁵⁹ Ou seja, arquétipos não definem ninguém: apenas servem como ponto de partida. Porém, com a popularização do assunto, o que mais vemos por aí são interpretações rasas e saídas fáceis. Marcas e pessoas escolhem um arquétipo e, como se fosse uma fantasia, se vestem integralmente dele, forçando características que não são genuínas só para se encaixarem na descrição daquele arquétipo.

E por mais que arquétipo seja algo mais revelado do que escolhido, a gente insiste em escolher. E escolhe com base naquilo que gostaríamos de ser. Com base no que vende mais. Com base no que transmite melhor a ideia de sucesso. Não à toa, os arquétipos mais escolhidos são o do herói, símbolo de vitalidade e força, ou do governante, símbolo de liderança e excelência.

Enquanto isso, os menos óbvios e que poderiam gerar diferenciação no segmento são deixados de lado. Exemplo? O arquétipo do comediante, também conhecido como bobo da corte. Pautado pela diversão, originalidade e espontaneidade, muitas vezes é lido de forma pejorativa. Se eu posso ter a liderança ou a força como traços dominantes, por que vou escolher a irreverência, não é mesmo?

Talvez porque o mundo precise disso, ou pelo menos o seu segmento. Talvez porque se comunicar com alegria e bom humor seja a maneira mais eficaz da sua marca se aproximar dos seus públicos de interesse. Talvez porque o fundador da

---

59   JUNG, C. G. **O homem e seus símbolos.** Rio de Janeiro: Nova Fronteira, 2008.

marca seja uma pessoa bem-humorada e não queira vestir um personagem que não lhe cabe. Talvez porque muita gente persiga mais a diversão do que o topo do mundo. Talvez porque a irreverência também seja um superpoder, especialmente em tempos de tanto estresse e desconexão.

São vários os motivos legítimos para uma marca se definir pelo arquétipo do comediante. As que fazem isso, principalmente em mercados sisudos, podem se destacar justamente pela imprevisibilidade. Um exemplo é a Aff The Hype, marca de papelaria que se popularizou nas redes sociais graças à sua personalidade representada através de uma personagem, Adênia Chloe, que se autointitula a "moça do marketing" da empresa. Ao apostar em humor autodepreciativo e em piadas que evocam desde elementos nostálgicos dos anos 2000 até as peculiaridades de viver num subúrbio do Brasil, a marca vem chamando a atenção e quebrando padrões dentro de uma categoria (papelaria) que sempre se comportou de maneira mais séria e até funcional demais.

OS DOZE ARQUÉTIPOS JUNGUIANOS E SUAS PRINCIPAIS CARACTERÍSTICAS

Agora que você já entendeu o que são arquétipos e quais os prós e os contras de utilizá-los na construção da sua marca, vamos conhecer os doze tipos principais, suas características dominantes, seus lemas e as marcas que se apropriam de cada um deles.

Mas antes de entrarmos nesses detalhes, uma breve ressalva: na teoria original, publicada em 1959, poucos anos antes da morte de Jung, as nomenclaturas de cada arquétipo não eram exatamente as que vou apresentar a seguir. Estou me baseando na adaptação da teoria dos arquétipos para a publicidade, que foi desenvolvida pela psicóloga Carol S. Pearson em parceria com a especialista em Marketing Margaret Mark, e publicada no livro *O herói e o fora-da-lei*.[60]

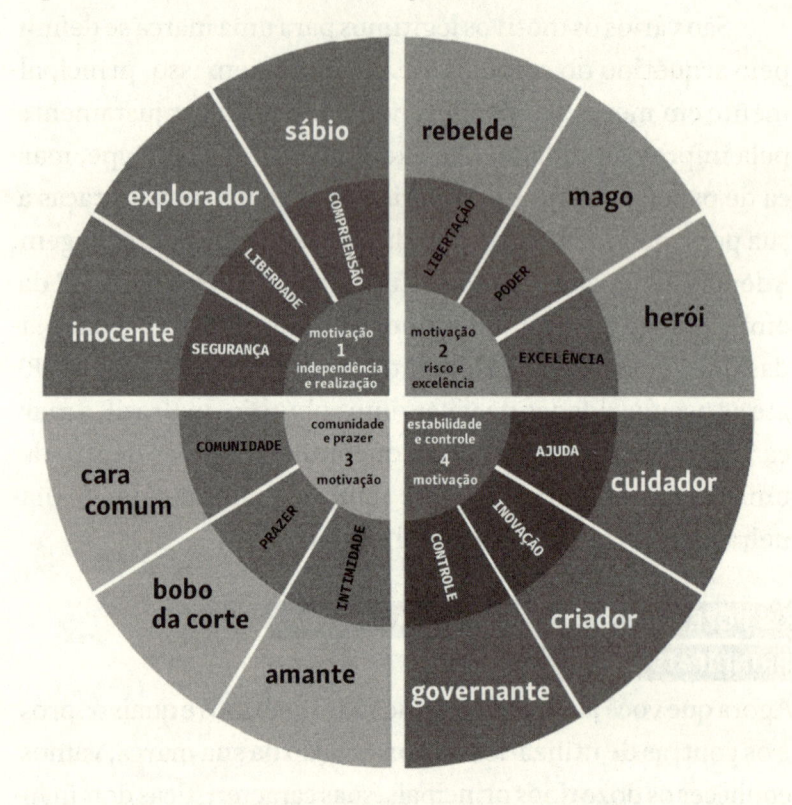

Diagrama circular dos arquétipos, dividido em quatro quadrantes com as motivações: 1 - independência e realização (SEGURANÇA/LIBERDADE/COMPREENSÃO) com os arquétipos inocente, explorador e sábio; 2 - risco e excelência (LIBERTAÇÃO/PODER/EXCELÊNCIA) com rebelde, mago e herói; 3 - comunidade e prazer (COMUNIDADE/PRAZER/INTIMIDADE) com cara comum, bobo da corte e amante; 4 - estabilidade e controle (AJUDA/INOVAÇÃO/CONTROLE) com cuidador, criador e governante.

---

60   MARK, M.; PEARSON, C. **O herói e o fora-da-lei:** como construir marcas extraordinárias usando o poder dos arquétipos. São Paulo: Cultrix, 2003.

Como você pode ver na mandala acima, os doze arquétipos se dividem em quatro grupos, que representam motivações: (1) oferecer estabilidade, (2) buscar autenticidade, (3) deixar um legado e (4) estabelecer conexão. É com base nesses grupos que eles estão organizados a seguir.

GRUPO 1: ESTABILIDADE

São aqueles que têm controle sobre alguma coisa, que dão estabilidade. O criador tem controle sobre a arte que produz e sobre a beleza que proporciona ao mundo. O controle do cuidador está em saber sobre as vulnerabilidades do ser humano e procurar mitigá-las, apesar dos seus próprios problemas. Já o governante assume o controle quando não há nenhum. Vamos conhecê-los melhor?

1. O governante

Características centrais: pragmático, controlador, líder. O sucesso justifica todas as suas ações.
Lema: "Poder não é tudo. É a única coisa".
Desejo: criar algo que dure para sempre.
Marcas que seguem o arquétipo: Mercedes-Benz, Vale, Vivara.

2. O cuidador

Características centrais: altruísta, protetor, presente, empático.
Lema: "Ama o próximo como a ti mesmo".
Desejo: que as pessoas se sintam seguras e cuidadas na sua presença.
Marcas que seguem o arquétipo: Vick, Pampers, Natura, Unicef.

3. O criador

Características centrais: criativo, imaginativo, inovador.
Lema: "Se pode ser imaginado, pode ser criado".
Desejo: criar algo que tenha valor e seja duradouro.
Marcas que seguem o arquétipo: Lego, Apple, Skol, Mini.

GRUPO 2: AUTENTICIDADE

Esses arquétipos trazem o anseio pela segurança e harmonia sentidas no útero; a busca pelo paraíso, pela realização. O inocente sente reverência pela beleza de todas as coisas, o que move o explorador é a inquietude de sempre buscar pelo melhor, o sábio busca a melhora da vida, por meio da liberdade e da prosperidade.

4. O explorador

Características centrais: aventureiro, pesquisador, ousado, experimentador, autossuficiente. Tem necessidade de contato com a natureza.
Lema: "A vida é uma só. Faça valer a pena".
Desejo: ter total liberdade para se autoconhecer.
Marcas que seguem o arquétipo: National Geographic, Land Rover, Nordweg.

5. O inocente

Características centrais: positivo, otimista, romântico, sonhador.
Lema: "Somos livres para sermos quem somos".
Desejo: viver no paraíso.

Marcas que seguem o arquétipo: Do Bem, Oba Hortifruti, McDonald's.

6. O sábio
Características centrais: inteligente, racional, prudente, analítico. Tem apreço pela verdade.
Lema: "Só a verdade liberta".
Desejo: entender todas as coisas e ensinar.
Marcas que seguem o arquétipo: Google, Globonews, USP, Branding de Perto (sim, o meu famoso BDP!).

GRUPO 3: LEGADO
São aqueles que deixam a própria marca no mundo. Que lutam contra a realidade que limita, reprime, prejudica. O herói corre riscos para salvar os outros, o fora-da-lei viola regras pelo bem alheio e o mago age como catalisador para curar a sociedade.

7. O mago
Características centrais: visionário, persistente, sonhador, intuitivo.
Lema: "Tudo pode acontecer".
Desejo: conhecer as leis que regem o mundo e o fazem funcionar.
Marcas que seguem o arquétipo: Uber, Disney, MAC.

8. O fora-da-lei
Características centrais: audacioso, progressista, provocativo.

Lema: "Regras existem para serem quebradas".
Desejo: revanche ou revolução.
Marcas que seguem o arquétipo: Harley-Davidson, Levi's, Diesel, NotCo.

9. O herói
Características centrais: forte, virtuoso, mártir.
Lema: "Onde houver vontade, haverá um caminho".
Desejo: provar seu valor através da coragem de seus atos.
Marcas que seguem o arquétipo: Nike, Médicos sem Fronteiras, Gatorade.

GRUPO 4: CONEXÃO
São aqueles arquétipos que mostram que ninguém é capaz de viver sozinho. O bobo da corte ensina a leveza, a pessoa comum traz a perspectiva para sermos capazes de ver o valor de todas as pessoas, o amante representa aptidões tanto emocionais quanto sexuais.

10. O bobo da corte
Características centrais: divertido, autêntico, irreverente, original.
Lema: "Se eu não puder dançar, não quero fazer parte dessa revolução".
Desejo: viver o momento plenamente, desfrutando de tudo.
Marcas que seguem o arquétipo: M&M's, Old Spice, Aff the Hype, Creamy.

11. A pessoa comum

Características centrais: responsável, trabalhador, justo, consonante com a maioria. Sua maior virtude é simplesmente ser gente boa.
Lema: "Todas as pessoas são iguais".
Desejo: conectar-se com o outro.
Marcas que seguem o arquétipo: Brahma, Hering, Volkswagen, Sallve.

12. O amante

Características centrais: íntimo, cúmplice, companheiro, apaixonado, sedutor, persuasivo.
Lema: "Só tenho olhos para você".
Desejo: viver o máximo com prazer e intimidade.
Marcas que seguem o arquétipo: Magnum, Ferrari, Aesop, Loungerie.

Agora que você conhece os doze arquétipos e suas principais características, pode usá-los como parâmetros para definir qual a personalidade da sua marca, o que é fundamental para a construção dos elementos de expressão verbal e visual, que vamos ver a seguir.

Refletindo sobre a sua marca, qual o arquétipo que você definiria como primário e como secundário?
Primário: _____
Secundário: _____

EXPRESSÃO VERBAL

Imagine que você se conectou com alguém por um aplicativo de relacionamentos e decidiu marcar um jantar para vocês, enfim, se conhecerem pessoalmente. Chegando lá, você fica feliz, porque não é fraude: a pessoa é realmente bonita. Tem todos os atributos físicos que você considera importantes em alguém. O que você não esperava, porém, era que a pessoa ficaria calada a noite toda. Respostas monossilábicas a todo tipo de pergunta, falta de iniciativa para trazer um assunto à tona, aquele silêncio desconfortável.

Por mais bonita que ela seja, você acha inviável dar o primeiro passo. Afinal, se a pessoa não se comunica, você não sabe exatamente se ela é legal ou chata, divertida ou entediante, formal ou informal, profunda ou superficial. Você simplesmente não consegue lê-la, porque ela não fornece elementos suficientes para isso.

Assim como pessoas, marcas que não estabelecem conversas não geram conexões. Esse é o tamanho da importância da expressão verbal; e mesmo assim, essa continua sendo a área mais relegada na estratégia de branding. Já cansei de ouvir gestores de empresas de todos os portes dizendo: *ah, mas os meus clientes não leem. Eles não gostam. Enxuga esse texto.*

Embora seja inegável que as pessoas estejam consumindo conteúdos cada vez mais curtos, eu ainda mantenho a opinião de que certas ideias precisam ser desenvolvidas em texto. Uma marca pode desenvolver um logo lindo, uma paleta com cores vibrantes e uma linha fotográfica super enérgica. Nada disso será suficiente para que o cliente entenda verdadeiramente aquela marca e avalie se faz sentido ou não desenvolver uma relação com ela, ou seja, comprar dela.

Sem expressão verbal, o público dificilmente entenderá se a sua marca é ou não capaz de solucionar o problema dele. Além disso, a disputa por espaço se torna muito mais acirrada para a marca que só se apoia em elementos de expressão visual, afinal, é só isso que a maioria das empresas faz, mesmo sendo a "visão" um dos cinco sentidos mais bombardeados de informação e, consequentemente, mais difícil de conquistar.

Explorar os elementos de expressão verbal, portanto, é também um caminho para a diferenciação. Se uma pessoa está no mercado, lê um texto divertido na embalagem de um produto e dá uma risadinha, pronto: a conexão emocional aconteceu. E, como eu já disse em capítulos anteriores, as nossas decisões de compra são, majoritariamente, guiadas pelas nossas emoções.

E quando eu falo em expressão verbal, estou me referindo a um conjunto de cinco elementos: *naming*, personalidade, tom de voz, vocabulário próprio e manifesto de marca.

Naming

Antes de nascer no mundo real, a gente nasce no mundo simbólico. É o que diz a Psicanálise. E esse nascimento no mundo simbólico acontece quando ganhamos o nosso nome.[61] Ou seja, eu

---

61   LACAN, J. **O seminário, livro 1:** os escritos técnicos de Freud. Rio de Janeiro: Zahar, 1986.

nasci pela primeira vez quando meus pais escolheram que eu me chamaria Galileu. E nasci novamente quando, de fato, vi a luz.

É o que acontece com as marcas e seus produtos. Antes de serem estruturadas, precisam ser nomeadas. O conjunto de técnicas que guiam esse "batismo" é o que chamamos de *naming*.

Não, os nomes das marcas não são inventados "do nada", ou pelo menos não deveriam ser. Bons nomes são aqueles que ajudam a construir a identidade da marca, a comunicar seus principais benefícios e a estabelecer um significado para ela na cabeça do público.

A falta de conhecimento técnico dos empreendedores a respeito de marketing os leva, muitas vezes, a optar por nomes que fazem sentido para eles, mas que não criam conexão alguma com o público. O nome do filho, da cidade onde nasceu, do lugar onde passou a lua de mel, do artista favorito: por mais que tudo isso seja relevante para o empreendedor, nada disso deveria servir como justificativa para a escolha do nome de uma marca.

Vamos supor que um empreendedor chamado Fábio abriu uma empresa de canetas e decidiu batizá-la de Fábio Canetas. É uma escolha legítima, claro. Porém, ao escolher esse nome, Fábio perdeu a oportunidade de comunicar algo importante sobre a sua empresa. O que não aconteceria se ele tivesse escolhido um termo relacionado à escrita, à caligrafia, à criatividade ou a um grande escritor.

Escolher bem o nome da marca é de grande valia nesse mar de marcas e competidores. Mais uma vez, trago aqui o exemplo da Natura. Só de ler ou ouvir esse nome, você já sabe que se trata de uma marca que utiliza insumos naturais para fabricar seus produtos. E como é do nome que derivam as outras escolhas verbais e visuais da marca, essa percepção de que a Natura é uma empresa ligada à natureza é ainda mais reforçada por outros elementos do branding, tais como a apresentação visual dos produtos e os textos do site, por exemplo.

Por outro lado, quando ouço falar em Hinode, não sei se é uma empresa de cosméticos ou de sorvete, não sei se é brasileira ou japonesa, não sei se é comprometida com o meio ambiente ou com o empoderamento da mulher, não sei se usa matérias-primas naturais ou sintéticas. Não sei absolutamente nada. Eu preciso que a marca se explique para que eu possa entendê-la. E quanto mais explicações forem necessárias, mais dinheiro, mais energia e mais tempo serão gastos na construção da marca.

Para evitar que você faça uma escolha ruim na hora de escolher um nome para a sua empresa, preste atenção aos critérios a seguir.

1. **Impacto e diferenciação.** Para causar impacto no público, o nome precisa ser instigante, marcante, particular. Caso você escolha um nome muito comum, pode acontecer de a sua empresa ser facilmente esquecida ou até mesmo confundida com a do seu concorrente.
2. **Facilidade de memorização.** Atente, porém, para não escolher um nome tão extravagante, mas tão extravagante, que seja de difícil memorização. Ariel, Omo, Brahma

e Skol são exemplos de nomes impactantes e, ao mesmo tempo, fáceis de serem memorizados.
3. **Autoexplicação.** Preze por nomes que expliquem o que a sua marca é ou faz. Assim, você já consegue transmitir uma mensagem importante para o seu público logo de cara.
4. **Facilidade na escrita e na fala.** Tome cuidado para não escolher nomes que gerem dúvidas na escrita e na pronúncia. De nada adianta você ter um nome diferente e impactante, mas o seu cliente errar a grafia na hora de mandar um e-mail para a sua empresa ou de buscar informações sobre ela na internet. Um caso emblemático de nome que gerou dúvidas quanto à pronúncia é o da rede de minimercados Oxxo. Tanto é que a marca fez uma campanha para resolver de uma vez por todas essa dúvida e estampou, na fachada das lojas, o texto "Se fala Ó-quis-sô e tá sempre próximo", aproveitando também para reforçar o atributo de conveniência.[62]
5. **Concisão.** Bons nomes de marcas são curtos. E a concisão ajuda a criar nomes memoráveis e fáceis de escrever. O empreendedor especializado no segmento de lazer e vida noturna, Facundo Guerra, estabeleceu que todos os seus

---

62 OXXO revê estratégia e agora ensina a pronúncia da marca: 'Ó-quis-sô'. **Uol**, 24 dez. 2022. Disponível em: https://economia.uol.com.br/noticias/redacao/2022/12/24/oxxo-mudanca-slogan.htm. Acesso em: 20 fev. 2024.

negócios teriam nomes com, no máximo, cinco letras.[63] Club Yacht, Z Deli, Vegas, PanAm, Frank, Bar dos Arcos e Lions Club são alguns exemplos.
6. **Sonoridade agradável.** O nome de uma marca não pode ser desagradável nem provocar ruído quando escutado. Se possível, ele deve ter uma musicalidade própria, o que facilita na hora de criar um jingle ou uma assinatura falada.
7. **Possibilidade de internacionalização.** No ato da criação, é bem provável que você ache precipitado pensar numa possível internacionalização da marca. Porém, isso pode acontecer. E se acontecer, é importante que o nome funcione globalmente. Algumas marcas com nomes pronunciáveis e compreensíveis tanto no exterior quanto aqui no Brasil são Nike, Dove e Adidas. Por outro lado, a Kibon, por exemplo, adotou novos nomes em outros idiomas, tais como Good Humor nos Estados Unidos e no Canadá; Wall's na Inglaterra, na China e no Paquistão; e Strauss em Israel, aplicando a mesma identidade visual a diferentes *namings*.

---

63   KÜCHLER, A. Casamento (quase) real. **Folha de S. Paulo**, 1 maio 2011. Disponível em: https://m.folha.uol.com.br/saopaulo/2011/05/909276-casamento-quase-real.shtml. Acesso em: 20 fev. 2024.

> **ATENÇÃO!**
> Um cuidado básico, mas que poucos empreendedores tomam quando estão criando suas marcas, é o de checar a disponibilidade do nome escolhido no Instituto Nacional da Propriedade Intelectual, o INPI. A pesquisa é gratuita e pode poupar a dor de cabeça tremenda de desenvolver toda a expressão verbal e visual de uma marca em cima de um nome que já existe e que não poderá ser legalmente utilizado. Afinal, se o nome que você escolheu já estiver registrado, terá que voltar à estaca zero, ou seja, escolher outro nome e adaptar todos os materiais, o que custa tempo, energia e dinheiro.

Em alguns casos, é possível negociar o uso do nome indisponível com o detentor dos direitos sobre ele. Foi o que aconteceu com a cantora Ludmilla em seu projeto de pagode "Numanice". Tempos depois de já ter formatado o espetáculo, ela tentou registrar o nome e descobriu que ele já havia sido registrado por outra pessoa. Ainda assim, fez um acordo com quem detinha o registro e conseguiu manter o planejamento e a comunicação iniciais.

Porém, não é sempre que se dá essa sorte. Muitas vezes, os detentores dos direitos sobre aquele nome não permitem o uso dele, ou até aceitam vendê-lo, mas por um preço muito alto que você pode não estar disposto a pagar. E aí começa uma disputa judicial desagradável e cansativa, infelizmente, eu falo isso com conhecimento de causa.

Personalidade

Algumas páginas atrás, nós conversamos sobre arquétipos. Eles são bons parâmetros para a definição da personalidade da marca. Porém não dão conta de tudo. Certas nuances precisam ser determinadas posteriormente, quando estivermos pensando nos elementos de expressão verbal.

Mais uma vez, vamos tomar como exemplo o arquétipo do explorador. Marcas que conversam muito bem com esse arquétipo são as de carros 4x4, destinados a pessoas com um perfil mais aventureiro, que fazem trilhas, praticam esportes ao ar livre, sobem montanhas, descobrem cachoeiras escondidas, em suma, que gostam de desbravar a natureza selvagem. Esse tipo de marca representa tanto a figura do explorador, que se apropria integralmente do arquétipo e usa todas as características dele.

Porém é possível ter personalidade exploradora sem seguir esse estereótipo. Um exemplo é a Heineken. É também uma marca exploradora, mas que explora, em vez de lugares, situações sociais. Enquanto o explorador da Land Rover e da Jeep recarrega as energias quando se afasta da civilização e se conecta com a natureza, o explorador da Heineken se sente reenergizado quando está em contato com novas pessoas e tem a possibilidade de descobrir mundos até então desconhecidos através delas.

Podemos dizer que o explorador das marcas de 4x4 são introvertidos, enquanto os da Heineken são extrovertidos. São dois perfis que compartilham a mesma base de personalidade, mas que a manifestam de formas opostas.

O segredo para chegar a uma personalidade que de fato reflita a sua marca é pensar nela como uma pessoa. Quais dos arquétipos representam a sua marca? Essa questão você já respondeu anteriormente.

Tendo clareza sobre as nuances da personalidade da sua marca, você estará pronto para determinar o tom de voz dela.

Agora é hora de encontrar a solução para a seguinte pergunta: como a sua marca manifesta o arquétipo que a representa? Ou seja, se ela fosse uma pessoa, de que forma expressaria para o mundo que é exploradora ou sábia ou cuidadora ou amante? Responda abaixo:

_____
_____
_____
_____
_____
_____
_____

Tom de voz

Pessoas têm jeitos diferentes de falar as mesmas coisas.

Lembre-se de quando você estava na escola, todo mundo ia mal na prova, e o professor queria demonstrar seu desapontamento com a turma. O de História adotava um tom mais emocional, admitindo estar triste com as notas ruins e se questionando sobre a sua capacidade de lecionar. Já o de Química era mais agressivo: esbravejava, dava bronca e colocava em dúvida a capacidade de aprendizagem dos alunos.

A mensagem, basicamente, era a mesma. O que mudava era a maneira como ela era transmitida; em outras palavras, o tom de voz do emissor.

Marcas também se expressam de maneiras diversas, de acordo com suas diferentes personalidades. Como uma marca que se encaixa no arquétipo do amante, por exemplo, falaria? Quais escolhas semânticas faria? Qual tipo de vocabulário usaria? Como construiria as frases? Provavelmente, adotaria palavras provocativas e transmitiria informações de forma misteriosa, para suscitar no público o envolvimento e a sedução típicos desse arquétipo.

O propósito da marca também é determinante para o seu tom de voz. Se você é um consultor de finanças com o objetivo de democratizar o acesso das pessoas às informações sobre o mercado financeiro, o uso de termos em inglês e de jargões da área deve ser evitado, porque depõe contra a razão da sua marca existir.

Além de ajudar a marca a compor a sua personalidade e de conectá-la cada vez mais aos seus objetivos estratégicos, o tom de voz também pode favorecer a aproximação entre ela e seus públicos de interesse, e o afastamento daqueles que não se conectam com a maneira como ela se comporta e fala.

Quando o Nubank entrou no mercado financeiro brasileiro em 2013, promoveu uma verdadeira ruptura de padrões.

Enquanto os bancos tradicionais falavam de maneira formal e técnica, o Nubank chegou com um tom de voz divertido, leve, explicativo. Por isso, os primeiros clientes eram jovens que estavam cansados da burocracia bancária. Nativos digitais que queriam ter a vida financeira simplificada.

Com o tempo, porém, a marca, que tinha como propósito acelerar a bancarização da população brasileira, se viu num dilema: pesquisas de mercado mostraram que muitas pessoas se recusavam a abrir conta no Nubank porque a marca não inspirava confiança. Era muito brincalhona. Não correspondia às expectativas daqueles que procuram segurança em um banco.

Em função disso, o Nubank adotou um novo tom de voz. Conforme a marca foi amadurecendo, sua maneira de se expressar foi ficando mais séria, na tentativa de conquistar as pessoas que, a princípio, estavam resistentes.

Perdeu em autenticidade? Sem dúvida. Porém fez uma escolha inteligente em termos de negócios, eliminando uma barreira que impedia que pessoas de outros perfis que não o do jovem disruptivo se aproximassem da marca.

Pensando na sua marca, quais seriam os traços do seu tom de voz?

_____
_____
_____
_____
_____

Vocabulário próprio

Para que uma marca crie seu vocabulário particular, com expressões que só fazem sentido para ela e para seu público, precisa ter a personalidade extremamente clara e definida. Por isso, eu costumo dizer que ter vocabulário próprio é o suprassumo da construção de marca. Além de gerar diferenciação, é um recurso que suscita nos consumidores um grande senso de pertencimento.

Chegar a esse patamar da construção de marca não é para qualquer um. Porém, como sonhar não custa nada, recomendo que você já comece a pensar em um vocabulário próprio, mesmo que sua marca ainda esteja em um estágio embrionário. Comece criando expressões simples, como uma forma única de se referir aos seus clientes, por exemplo. Eu chamo o meu grupo de seguidores de "cidadãos da Galileia". É um trocadilho com o meu nome. Nada rebuscado, mas já traz às pessoas que me acompanham uma certa noção de comunidade e pertencimento. É um conjunto de pessoas que querem aprender mais sobre branding.

O Starbucks é outro exemplo de marca que, com algumas poucas expressões, já conseguiu criar um vocabulário próprio que só é compartilhado entre consumidores assíduos. Se você chegar em qualquer outra cafeteria no Brasil e no mundo e pedir um "Frapuccino Venti", o atendente não entenderá. Em qualquer unidade do Starbucks, porém, todo mundo sabe que Tall é o copo pequeno, Grande é o copo intermediário e Venti é o copo grande.

Agora, quando a sua marca chegar a um patamar de excelência como a Starbucks, você pode se dar ao luxo de abolir certas palavras do seu vocabulário e de encontrar maneiras mais significativas de se referir a elas.

Certa vez, fui ao shopping comprar uma Rimowa, marca de malas de viagem de luxo pertencente ao grupo LVMH (formado pela Louis Vuitton, Moët & Moët Hennessy). Talvez assim, de nome, você não reconheça. Mas pode ser que já tenha visto por aí, em algum aeroporto, uma mala de alumínio decorada com frisos. Isso é uma Rimowa.

Em conversa com o vendedor, confessei que achava feio quando as malas de alumínio amassavam. Me dava a sensação de desleixo. Ao que ele me respondeu:

— As malas da Rimowa não amassam. Conforme você viaja, elas vão ganhando marcas de uso que ajudam a contar uma história. A palavra "amassar" não faz parte do nosso vocabulário.

Isso, meus caros, que é personalidade.

Manifesto de marca

Por fim, chegamos ao elemento que tangibiliza a expressão verbal de uma marca: o manifesto.

Manifesto é um texto ou um vídeo narrado que explica ao mundo quem a marca é, no que ela acredita e como ela se comporta, sempre usando o tom de voz escolhido e as eventuais palavras de um vocabulário próprio. Ao contrário de um material institucional, que tem como objetivo contar a história de uma empresa, o manifesto tem um tom mais inspiracional, deixando transparecer a personalidade da marca.

Por carregar essa grande responsabilidade de apresentar a marca para o mundo, ele precisa ser cuidadosamente escrito, com atenção especial à escolha semântica, às quebras do texto e até mesmo aos recursos auditivos, como a voz do locutor, que pode ser mais suave ou mais incisiva, masculina ou feminina, por exemplo, e a trilha sonora, que pode variar entre agitada ou calma, leve ou densa, divertida ou séria, moderna ou tradicional, alegre ou sentimental.

Embora o manifesto seja uma peça de bastante impacto, que representa a convergência de todos os elementos que você definiu para a expressão verbal da sua marca, ele costuma ser subestimado pelo mercado. Isso porque não possui finalidade vendedora e, consequentemente, não tem um retorno sobre investimento (ROI) claro. Mais um reflexo da velha rixa entre branding e performance.

Ainda assim, é uma boa prática que eu recomendo com vigor para a sua marca. Seja para apresentá-la para novos funcionários, para possíveis clientes ou para eventuais investidores, o manifesto é uma peça de impacto, porque consegue transparecer a essência da marca e, assim, envolver e encantar.

Três marcas que fizeram manifestos memoráveis são a Gol, a Avon e o Airbnb. Você pode conferi-los escaneando os QR codes a seguir.

EXPRESSÃO VISUAL

Finalmente, chegamos a ela. A queridinha da construção de marca, a soberana, a que enche os olhos e empolga corações: a expressão visual.

Não posso dizer que se trata de um aspecto superestimado no branding. Afinal de contas, os elementos visuais são realmente poderosos. Mas também não dá pra negar que muitos empreendedores e até mesmo gestores de marca elevam a expressão visual a um patamar superior ao da expressão verbal, quando na verdade as duas deveriam estar em equivalência de importância.

É compreensível essa fixação das pessoas pelos elementos visuais. São eles que tangibilizam a existência do negócio. São eles que possibilitam à marca se expressar artisticamente. São eles o primeiro contato entre ela e o público. É como se logo e companhia limitada chegassem na frente, antes até dos atributos funcionais.

Mas também pode-se dizer que a expressão visual é também o aspecto mais controverso do branding. É fácil que o fundador da marca se deixe seduzir por seu gosto pessoal e, em vez de criar o que a marca precisa em termos visuais, acabe criando o que lhe agrada esteticamente. É claro que esses dois pontos podem convergir, especialmente quando falamos de marcas pessoais. Mas nem sempre é assim.

No episódio #092 do podcast *Branding em Tudo*, eu tive o prazer de entrevistar a Isabela Raposeiras, fundadora do Coffee Lab, escola de baristas e cafeteria localizada em São

Paulo.[64] Com uma lucidez impressionante, ela me contou que a persona de sua marca é um homem hipster e descolado que, definitivamente, não a representa. Por isso, a identidade visual do negócio também não se conecta com ela. E tudo bem. Não é ela que precisa ser atraída pelos elementos visuais da marca. São os homens hipsters e descolados que ela deseja atingir. Compreender que a marca tem uma personalidade que não precisa convergir com a do fundador é agir com a tal da intencionalidade que eu sempre afirmo ser tão importante.

Além disso, a expressão visual de uma marca tem como objetivo gerar diferenciação. Então, se as cores predominantes do seu principal concorrente são rosa e amarelo, não interessa se essas calham de ser também as suas cores favoritas: elas não deveriam ser as cores da sua marca, sob o risco de você parecer uma cópia malfeita, que tenta surfar no sucesso da concorrência para confundir o consumidor.

Quando falamos em expressão visual, estamos contemplando os seguintes elementos: logotipo, cores, texturas, imagens, tipografia e embalagens. A seguir, vamos entrar no detalhe de cada um deles. Mas, antes, me parece importante esclarecer uma confusão que muitas pessoas fazem: a de que marca é igual a identidade visual, que é igual a logotipo, quando,

---

64 BRANDING em tudo 92: criando uma marca de cafeteria (com Isabela Raposeiras – Coffe Lab). Entrevistador: Galileu Nogueira. Entrevistado: Isabela Raposeiras. *Podcast*. Disponível em: https://open.spotify.com/episode/4aDrt2SYqkV6b2jqUPynNT?si=aa907b35b4294b21. Acesso em: 20 fev. 2024.

na verdade, a marca engloba a identidade visual que, por sua vez, engloba o logo.

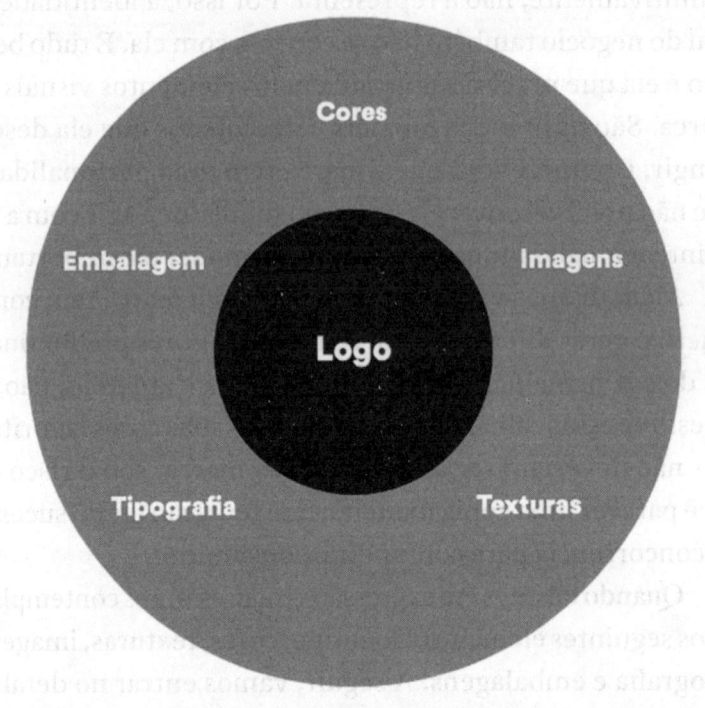

```
         Cores

Embalagem         Imagens
         Logo

   Tipografia    Texturas
```

Marca é o conjunto de tudo o que falamos neste livro. Uma combinação de diversos elementos, das mais diversas naturezas, todos construídos com intencionalidade para transmitir um mesmo significado. Identidade visual é um grupo de elementos gráficos, geralmente reunidos em um guia, que são criados para dar consistência à marca e apoio visual aos significados que ela quer transmitir. Já o logotipo é um símbolo gráfico que funciona como a assinatura visual de uma empresa, e é nele que vamos nos aprofundar agora.

Logotipo

É o elemento central na identidade visual de uma marca. Por isso, tem a obrigação de traduzir a essência dela, em vez de ser apenas bonito.

Mais uma vez, o bom exemplo fica por conta da Natura. Como veremos adiante, é um logo que pertence à categoria de *combination mark*, ou seja, que mescla texto e símbolo. E podemos dizer que ambos os elementos são bastante intencionais. O símbolo é o contorno de algo que remete à flora: uma folha para alguns, uma flor para outros. A fonte é leve e arredondada, dando a ideia de cuidado e simplicidade. E as cores utilizadas, por sua vez, remetem aos tons verdes e terrosos típicos da natureza.

Não chega a ser um logo maravilhoso ou de grande impacto estético, mas reflete a essência da marca, como se corroborasse tudo o que a empresa defende e a maneira como ela se posiciona.

Logotipos, no geral, podem ser constituídos por um ícone, uma tipografia ou uma combinação entre esses dois elementos.

Lettermark é o tipo de logo que se resume à abreviação do nome da empresa ou à sigla formada por suas iniciais. Geralmente é usado por negócios que possuem nomes muito extensos ou compostos. Por exemplo: CNN (que é a sigla para Cable News Network), IBM (que é a sigla para International Business Machines), HP (que é a sigla para Hewlett-Packard) e BP (que é a sigla para British Petroleum).

Wordmark é outro tipo de logo que se apoia apenas em tipografia, mas, agora, trazendo o nome completo da empresa como logotipo. Disney, Philips, Cartier e Tiffany & Co. são bons exemplos de wordmarks.

Símbolo é a categoria de logotipos que usam ícones como representação. É importante notar que a maioria das marcas que têm símbolos como logo já estão consolidadas no mercado, tais como Nike, Apple, Shell, Globo e McDonald's. Isso porque, no processo de evolução das marcas, elas passam a ser reconhecidas apenas por seus ícones, dispensando, no futuro, a grafia do nome no logo.

Em outras palavras, o caminho natural é que as marcas comecem como *combination marks*, que são aquelas cujos logos trazem uma combinação entre texto e ícone. Por exemplo: Dove, Lacoste, Burger King e Doritos.

Por fim, temos os **emblemas**, que são bem parecidos com as *combination marks*. A diferença é que, nos emblemas, o nome da marca sempre vem dentro do ícone. Bons exemplos são Nivea, Ford, Lego e Brahma.

Definido o logotipo, é hora de se debruçar sobre um dos aspectos mais marcantes da identidade visual: as cores.

Cores

Já perdi as contas, e você provavelmente também, de quantas vezes, ao longo deste guia, eu bati na tecla da importância de construir marca para gerar diferenciação, ainda mais num cenário como o que vivemos no momento, em que a concorrência é acirrada em praticamente todos os segmentos de mercado.

Pensando por esse viés, as cores são o braço direito de toda marca. Quando escolhidas com intencionalidade e estratégia, podem fazê-la se destacar em meio à multidão, seja na gôndola do mercado ou na lembrança do consumidor.

Além de gerar diferenciação, elas também precisam ser coerentes com a essência da marca que representam. De acordo com a psicologia das cores, cada cor exprime um aspecto de personalidade, uma vibração, uma energia específica. Mais do que isso, cada cor tem um significado muito intrincado na nossa mente. Aposto que ninguém precisou te dizer que branco é a cor da paz ou que preto é a cor da elegância, por exemplo. Simplesmente está na sua cabeça. É uma associação presente no inconsciente coletivo.

E é inteligente por parte das marcas se apropriarem desses códigos na hora de escolherem suas cores, em vez de optarem pelo improvável e terem que lutar contra percepções que foram construídas e vêm sendo reforçadas há séculos no imaginário popular.

Marcas relacionadas à saúde geralmente se apropriam do branco e de tons de azul e verde para transmitir a impressão de paz, tranquilidade, limpeza e serenidade. Afinal, estar num hospital, por exemplo, já é desagradável o suficiente para ser confrontado com cores que aumentem a sensação de desconforto.

Ao contrário do que acontece no segmento alimentício, em que as marcas e as embalagens costumam ser coloridas para suscitar o desconforto da fome, mas também a vivacidade e a energia que estão relacionadas à comida.

Um exemplo clássico de psicologia das cores no segmento alimentício era o McDonald's. O amarelo de sua paleta estimula a euforia, e o vermelho, a fome. Combinadas, as duas cores trazem a sensação de urgência em dois sentidos: "preciso comer neste exato momento" e "não posso ficar muito tempo aqui", incentivando o consumo rápido e o sistema *grab and go* (pegar e sair, em português) e poupando as unidades da franquia de terem que desenvolver um ambiente confortável, que convide as pessoas a ficarem bastante tempo.

Já nos tempos atuais (e após um grande reposicionamento global), o McDonald's quase não trabalha mais essas cores em sua comunicação e arquitetura de lojas, justamente por agora quererem se posicionar como uma marca acolhedora e amigável, incentivando, inclusive, que você fique mais tempo nas lojas (não é à toa que os restaurantes já contam com McCafé, servindo itens de café da manhã das 09h às 11h).

Outro fator que influencia na escolha das cores de uma marca é o seu posicionamento. Enquanto marcas populares têm à sua disposição toda uma paleta colorida e vibrante, marcas mais premium tendem a se restringir às cores neutras e aos tons terrosos e mais fechados, dando a sensação de proximidade, exclusividade, luxo e baixo acesso.

A escolha das cores pode ser guiada também por questões funcionais. A MAC Cosmetics, por exemplo, utiliza o preto em abundância. As lojas são todas pretas, com produtos de embalagem preta e vendedores vestidos de preto da cabeça aos pés. A explicação para essa escolha é simples: como o preto é a ausência de cor, ele realça os pigmentos das maquiagens, em vez de competir com eles.

Significa, portanto, que toda marca de cosméticos precisa usar cores neutras, que toda marca de saúde precisa usar cores suaves e que toda marca alimentícia precisa usar cores vibrantes? Definitivamente não. Temos vários exemplos de marcas bem-sucedidas que não seguem a cartilha da categoria. Uma das mais memoráveis é o Nubank.

Roxo, definitivamente, não é uma cor que remete à categoria de bancos. O mercado financeiro exige segurança e conservadorismo, que são representados por escolhas estéticas mais sóbrias. Porém o Nubank seguiu firme no roxo, justamente porque sua proposta era ser uma marca diferentona, jovem, disruptiva, que dita as próprias regras. Ao mesmo tempo, conseguiu transmitir a mensagem de que não era um banco meia-boca, já que o roxo é uma cor associada ao luxo, ao prestígio, ao refinamento.

Hoje, mais de uma década após seu lançamento, vemos que o Nubank conseguiu seu espaço no mercado, mesmo tendo feito escolhas nada óbvias. Porém, é inegável que a marca teve seus desafios de construção de imagem. Tanto é que recentemente reformulou boa parte de seus elementos de expressão verbal, para quebrar a resistência de pessoas mais conservadoras, que não se identificavam com um banco que falava usando emojis e fazendo piadas.

Porém, o roxo continua lá, no aplicativo, no site, nas comunicações e no cartão – que foi carinhosamente apelidado de "roxinho" pela empresa e por seus consumidores.

Quer outros exemplos de marcas que colocam a cor como elemento central de diferenciação?

A Tiffany & Co. se apropriou tanto de seu tom de azul que a Pantone, empresa referência em especificações de coloração para a indústria gráfica, nomeou a cor de Tiffany Blue,[65] código que é perfeitamente compreendido por profissionais das artes visuais. Se você disser que quer a parede da sua sala em Tiffany Blue, o seu decorador certamente vai entender.

A Louboutin se apropriou tanto do vermelho, que as pessoas associam a marca mais ao solado dos sapatos do que ao logo. Se você for a um casamento com um sapato de solado vermelho, pelo menos as pessoas mais interessadas em moda vão saber que se trata de um Louboutin.

---

65 PRESSMAN, L. Crazy about Tiffany's: the story behind an iconic brand color. **Pantone**. Disponível em: https://www.pantone.com/articles/case-studies/crazy-about-tiffanys-the-story-behind-an-iconic-brand-color. Acesso em: 21 fev. 2024.

A Barbie se apropriou tanto do rosa, que na época do lançamento do filme homônimo dirigido por Greta Gerwig, os cinemas e o mundo foram dominados pela tendência *Barbiecore*.[66] Acessórios, roupas, decoração: nada escapou da predominância do rosa.

E é óbvio que eu não poderia deixar de falar do meu laranja. Além da cor transmitir parte da minha personalidade enérgica, vibrante e alegre, ela também me diferencia dos outros criadores de conteúdo de branding e, funcionalmente, é uma cor que se destaca em qualquer plataforma na qual eu decida trabalhar. Seja num conteúdo nas redes sociais, num slide de uma palestra num painel de led ou até mesmo nas roupas que eu uso para dar uma entrevista ou gravar um episódio de videocast, o laranja chama atenção.

— Quer dizer então, Galileu, que usar uma cor vibrante ou disruptiva para o mercado em que eu atuo é suficiente para construir uma marca bem sucedida?

Definitivamente não. Como não existe registro de cores, trata-se de um ativo de marca sensível e que pode ser facilmente copiado, porque não é legalmente protegido. Como os concorrentes que optam por usar a mesma cor do líder de mercado tendem a ser enxergados como meras cópias oportunistas, é

---

[66] TUDO é rosa: como a moda "Barbiecore" alimentou o burburinho em torno de um filme. **Forbes**, 20 jul 2023. Disponível em: https://forbes.com.br/forbeslife/2023/07/tudo-e-rosa-como-a-moda-barbiecore-alimentou-o-burburinho-em-torno-de-um-filme/. Acesso em: 21 fev. 2024.

mais seguro que você construa para a sua marca um conjunto de símbolos e crie seu significado em cima de todos eles.

Um bom exemplo disso está na categoria de serviços financeiros. O Banco Inter, que decidiu usar o laranja como cor principal em 2017, acaba dividindo a atenção do consumidor com o Itaú, que tem a cor em sua paleta desde os anos de 1980.[67] Nesse caso, fica evidente o quanto o Banco Inter precisa construir uma expressão visual com muitos ícones e elementos únicos para não ser confundido com o líder da categoria na hora de se comunicar.

Quais as cores você definiria para a sua marca se destacar em meio a concorrência?

_____
_____
_____
_____
_____
_____
_____

---

[67] PIOVESANA, M. Itaú é comparado a rival ao assumir laranja, mas diz que chegou antes; banco tenta 'rejuvenescer'. **Estadão**, 8 dez. 2023. Disponível em: https://www.estadao.com.br/economia/midia-mkt/itau-comparado-banco-inter-cor-laranja/. Acesso em: 21 fev. 2024.

Texturas

Também conhecidas como padronagens, as texturas são outro elemento que ajuda a construir a identidade visual de uma marca.

São mais comuns no universo da moda e variam desde os tecidos utilizados até os monogramas. Louis Vuitton e suas flores de lis, Burberry e seu xadrez, Chanel e suas camélias, Bottega Veneta e seu matelassê: são todos exemplos de texturas na moda de luxo.

Na moda popular e nacional, podemos lembrar da Havaianas e sua textura de grãozinhos de arroz que está presente não só na palmilha dos chinelos como também na superfície dos maiôs, biquínis, bolsas, boias, chaveiros... E saindo do universo da moda, temos a Coca-Cola Wave, a ondinha que está presente nos packs de latinhas, nos caminhões e nos pontos de venda e que nos permite identificar a marca mesmo sem a presença do logo.

Imagens

Mais da metade dos estímulos que o cérebro processa são captados pela visão. É o que diz o diretor criativo, empreendedor, pintor e autor de best-sellers Dan Roam.[68] É claro que os ou-

---

68   SZPACENKOPF, M. Dan Roam, designer: 'desenhar é um processo de pensamento'. **O Globo**, 22 maio 2017. Disponível em: https://oglobo.globo.com/brasil/conte-algo-que-nao-sei/dan-roam-designer-desenhar-um-processo-de--pensamento-21367341. Acesso em: 21 fev. 2024.

tros sentidos – audição, paladar, olfato e tato – têm extrema importância. Porém a maneira como a gente se relaciona com o mundo e com o outro é essencialmente visual. Não à toa, das dez redes sociais mais usadas pelos brasileiros em 2023, seis são focadas em foto e vídeo.[69]

Embora eu julgue contestável o dito popular de que "uma imagem vale mais que mil palavras", é inegável que a imagem tem um grande poder de gerar comoção, identificação e aproximação. Por isso, ela é um dos elementos mais fortes na construção de marca. Por meio de fotos, as marcas podem expressar sua personalidade, além de dar protagonismo para personagens que representam quem seu público é e como ele se comporta.

Essa, porém, é uma oportunidade que muitas marcas perdem. Isso porque principalmente as mais embrionárias costumam recorrer a bancos de imagem, afinal, é um recurso mais barato. E aí, além de utilizarem imagens genéricas e que não conversam com a personalidade da marca, correm o risco de estampar suas campanhas com fotos que já foram exploradas por outras empresas, o que provoca uma confusão na cabeça do consumidor.

No mundo ideal, toda marca deveria produzir suas próprias fotos. Imagens proprietárias geram unicidade pela es-

---

[69] SOUZA, G. Qual a rede social mais usada em 2023? A resposta vai te surpreender. **TechTudo**, 21 jul. 2023. Disponível em: https://www.techtudo.com.br/listas/2023/07/qual-a-rede-social-mais-usada-em-2023-a-resposta-vai-te-surpreender-edapps.ghtml. Acesso em: 21 fev. 2024.

colha dos modelos, do figurino, da locação, das poses... Tudo isso pode, e deve, conversar com a identidade da marca.

Em 2023, a Galileo Branding fez a construção da marca Apê11, uma consultoria imobiliária que ajuda outras imobiliárias a alavancarem seus negócios. Por ser um segmento cujo principal objetivo é fechar negócio, as imagens geralmente trazem poses genéricas de pessoas de terno e gravata se cumprimentando com aperto de mãos, entregando chaves ou comemorando.

Em vez de apelarmos para as fotos clássicas do mercado imobiliário, focamos na especificidade do nosso cliente. O negócio da Apê11 não é negociar com o consumidor final, mas, sim, oferecer uma consultoria para empreendedores imobiliários, com o intuito de acelerar seus negócios. Por isso, queríamos fazer fotos de mentores e mentorados, e não de corretores e compradores de imóveis. Foi esse o pensamento que guiou todo o ensaio fotográfico.

Como figurino, determinamos que os mentores estariam vestidos de vermelho e usariam roupas com tecidos mais leves e cortes mais relaxados no lugar do tradicional terno e gravata, traduzindo, assim, a cor da marca e também seu arquétipo, que é o da pessoa comum.

Já as poses seriam um misto entre as clássicas do segmento, como aperto de mãos e entrega de chaves, e as que representam melhor as especificidades do negócio, como um mentor explicando alguma coisa num quadro branco ou esquematizando informações num caderno ou numa apresentação de slides. Para representar a natureza digital da Apê11, também trouxemos pessoas colaborando, interagindo e se conectando umas com as outras enquanto usavam dispositivos digitais (smartphones, tablets ou computadores).

A escolha dos modelos precisava refletir os clientes da Apê11, que são donos de imobiliárias pequenas e atuantes no mercado nacional. Por isso, escalamos pessoas comuns, sem ares de modelo, com cara de brasileiro e sem utilizar signos que remetiam ao luxo e à sofisticação.

A locação, por sua vez, precisava transmitir a essência de uma marca jovem e nativa digital, o que nos levou a escolher ambientes de arquitetura mais moderna e menos corporativa. Os escritórios tradicionais, cheios de baias, carpetes cinzas e luzes brancas, deram lugar a cafés com mesas redondas e iluminação natural com uma arquitetura mais contemporânea.

Dessa forma, conseguimos produzir imagens que representassem a identidade da marca e que gerassem diferenciação diante da concorrência. Exigiu uma dose extra de tempo, energia e dinheiro, afinal, como eu já disse algumas vezes ao longo deste livro, construir marca não é rápido nem barato, mas valeu a pena.

PARECE BARATO, MAS NÃO É

Aliás, há uma crença no mercado de que usar personagens digitais em 3D, como a Lu do Magalu e o Baianinho das Casas Bahia, pode ser uma boa alternativa para reduzir custos de produção de imagens. Se você faz parte dos que sustentam essa crença, cuidado. Há benefícios indiscutíveis em se criar um avatar para a sua marca, mas nenhum deles está relacionado a custo. Eles são uma sofisticação da identidade de marca, são ativos realmente únicos, trazem sob medida as características que a empresa gostaria de ver refletidas nos seus modelos, mas não são, de maneira alguma, recursos baratos.

Para além do custo de desenvolver o avatar em si, também é caro, e demorado, criar os diferentes ambientes onde o avatar está. Se hoje aparece no seu feed uma foto da Lu na praia, saiba que aquilo começou a ser produzido há pelo menos um mês. O que exige da marca bastante maturidade e planejamento e impossibilita que ela surfe em ondas de engajamento.

Se depois de todas essas informações você se convenceu da importância de produzir imagens proprietárias para a sua marca, preste atenção ao prazo de validade delas. Ensaios fotográficos costumam durar de dois a três anos. Depois desse período, as fotos podem ficar datadas, ou seja, carregadas de símbolos que remetam à época em que foram tiradas; a marca pode mudar e precisar exprimir seu novo momento num novo ensaio; ou as fotos podem ser superutilizadas, aparecendo em todas as comunicações, o tempo todo.

Caso a sua empresa opte por utilizar colaboradores em vez de modelos contratados para as fotos, você também precisa se atentar para questões de rotatividade. É uma boa alternativa para reduzir custos e também para reconhecer os funcionários, mas o prejuízo pode ser grande se algum dos fotografados sair da empresa. Na melhor das hipóteses, você perde o direito de utilizar algumas das fotos nas suas campanhas. Na pior das hipóteses, você se vê obrigado a refazer todo o ensaio, de tantos os fantasmas que estão ali, mas que não fazem mais parte do quadro da empresa.

Tipografia

Se você acha que a tipografia é um aspecto secundário na expressão visual de uma marca, pense em como seria fazer todas as suas comunicações utilizando a fonte Comic Sans. Desastroso, não é? Principalmente se o seu intuito for transmitir respeito, seriedade e confiança.

A tipografia, conjunto de fontes utilizadas na comunicação escrita, é um dos elementos mais importantes do branding. Caracteres carregam inúmeros significados em suas formas, expressam aspectos de personalidade e são capazes até de suscitar emoções. Ou você realmente acha que essas letras não contribuem para a atmosfera de medo que um filme de terror pretende criar?

Filmes como *Pânico*, *Fale comigo*, *A hora do pesadelo* e a série *Rua do medo* têm tipografias que criam uma identidade própria e comunicam sozinhas o tom e atmosfera das obras de forma direta através de seus pôsteres.

Não é segredo nenhum que fontes serifadas trazem um ar mais clássico e tradicional para o texto. Mas e se eu quiser demonstrar inovação e disrupção? E se eu quiser transmitir delicadeza e refinamento? E se eu quiser passar a impressão de um humor autodepreciativo? Que tipo de fonte eu devo utilizar nesses casos?

Quem vai responder a essas perguntas é o estudo tipográfico. Depois de ter acertado em cheio no logo, nas cores, nas texturas e nas imagens, é o estudo tipográfico que vai assegurar que a sua marca acerte também na tipografia, usando fontes que representem os atributos que você quer construir.

Existe na internet uma infinidade de famílias de fontes disponíveis. Algumas delas são abertas e gratuitas. Outras, de acesso mais restrito, são pagas, custando algo entre US$ 100 e US$ 500. Há ainda a possibilidade de encomendar de um estúdio tipográfico uma fonte criada especificamente para o seu negócio, como a Nu Display, fonte do Nubank; a The Coca-Cola Company Unity (TCCC Unity), fonte da Coca-Cola; e a Vivo Regular, fonte da Vivo. Quanto mais exclusividade você buscar, mais caro vai pagar.

É plenamente possível manter a identidade da sua marca utilizando fontes já prontas e pagas. O principal cuidado que você precisa ter é o de não escolher tipografias que se pareçam com as dos seus concorrentes. Afinal, todo trabalho de branding que você faz deve ter como objetivo final gerar diferenciação.

E embora o mercado de luxo seja vanguarda em muitos dos assuntos referentes à construção de marca, no quesito tipografia, muitas grifes vêm pecando nos últimos anos. Na tentativa de parecerem modernas e minimalistas, adotam fontes retas, sóbrias e sem ornamentos.

YVES SAINT LAURENT
SAINT LAURENT
PARIS

SAINT LAURENT
PARIS

BALENCIAGA

BALENCIAGA

BURBERRY
London, England

BURBERRY
LONDON ENGLAND

BALMAIN
PARIS

BALMAIN
PARIS

O resultado? Perda severa de identidade.

A lição que fica? Inspirar-se em tendências é uma coisa. Reproduzi-las à risca é outra bem diferente.

Embalagem

O suco servido no copo de requeijão, a água armazenada na garrafa de bebida alcoólica, os remédios guardados na caixa de sapato, o banheiro decorado por frascos de perfume. Esses são apenas alguns exemplos de como embalagens não precisam ser descartáveis. Ao contrário, podem ser tão úteis quanto o conteúdo que armazenam e, assim, configurarem-se como ativos valiosíssimos de construção de marca.

É impossível falar de embalagens reutilizáveis sem lembrar da garrafa de Absolut. Um vidro maciço, feito para durar. Um rótulo frontal bem diagramado. Um texto exaltando as características do produto em uma tipografia caligráfica. Cores sóbrias e elegantes. Todas essas características compõem uma embalagem que, depois de terminada a vodca, permanece nas casas dos consumidores, seja armazenando água na geladeira, seja decorando ambientes.

Tanto a Absolut entendeu esse poder, que passou a desenvolver edições especiais e limitadíssimas, como a Masquerade e a Disco Ball. A bebida permanece a mesma, o que muda é a embalagem, que passou a ser desejada e até colecionada por seguidores da marca. São embalagens com um design tão bem-feito que ninguém se incomodaria de ganhar uma garrafa de Absolut apenas com um lacinho amarrado, sem estar dentro de um embrulho de presente.

Outra marca que aposta no impacto de uma boa embalagem é a Granado. Ela percebeu que o visual vintage, além de trazer à tona a história da perfumaria fundada em 1870, poderia ser um posicionamento para gerar diferenciação diante de uma concorrência que quer parecer cada vez mais moderna. E assim, remetendo ao antigo, ao tradicional, aos tempos áureos, suas embalagens conseguem transmitir tanta sofisticação que chega a ser um desperdício deixá-las guardadas dentro do armário. Granado é pra ficar em cima da pia do banheiro.

Mas como essas marcas conseguem transformar suas embalagens em objetos de decoração? Para começo de conversa, elas selecionam com muito cuidado os materiais utilizados. Vidro, plástico fosco, metal escovado e papel de alta gramatura são algumas das escolhas comuns às empresas que encaram suas embalagens como ativos de marca.

O formato também é de suma importância. Marcas iniciantes costumam comprar embalagens padronizadas de fabricantes que fornecem para a indústria inteira, e é claro que é compreensível, considerando que poucos empreendedores começam seus negócios com um orçamento alto destinado ao branding. Porém, as embalagens mais marcantes são aquelas desenvolvidas sob medida: a Coca-Cola e sua garrafa *contour* que o digam. São muito mais caras, mas garantem uma identidade única que expressa a essência da marca.

É o que fez a influenciadora brasileira Bruna Tavares que, na sua marca homônima de maquiagens, investiu no desenvolvimento de embalagens proprietárias e conseguiu transparecer a ideia de luxo acessível, graças à combinação de diversos materiais e a predominância das cores azul-marinho e rosé gold.

— Quer dizer então, Galileu, que se eu não tiver como pagar pelo desenvolvimento exclusivo, minhas embalagens não vão gerar desejo?

Não. Se você não tem dinheiro para custear embalagens exclusivas, a alternativa é se dedicar ao máximo à personalização da embalagem padrão que você comprou, criando estampas que contenham os seus elementos de expressão visual. O design dos rótulos é outro diferencial que faz as pessoas desejarem expor a sua embalagem, em vez de deixá-la esquecida no fundo do armário.

Lembre-se de que, ao ter contato com a embalagem do seu produto, o consumidor é capaz de entender certos atributos da sua marca que não podem ser expressados por simples peças de comunicação. O mercado de perfumaria, por exemplo, valoriza o desenvolvimento de embalagens porque é impossível transmitir cheiros pela internet ou por propagandas de TV. Então, conceber frascos que são quase como joias é uma maneira de demonstrar a elegância, a exclusividade, o poder e o status daquele perfume, além de construir uma percepção de qualidade específica através do uso de vidro, texturas e acabamentos metálicos, por exemplo.

Sobretudo na era das redes sociais, em que as pessoas postam conteúdos de unboxing em seus perfis, mais do que vestir o produto, a embalagem deve entregar uma experiência e ajudar a transmitir os atributos de autoexpressão que os consumidores procuram quando compram da sua marca. Quanto mais atributos você transmitir, melhor para o seu consumidor. E quanto mais o consumidor quiser expor e fotografar a embalagem do seu produto, melhor para a sua marca.

AMPLIE SEU CONHECIMENTO

Para continuar aprendendo sobre o tema, você pode escutar os seguintes episódios do meu podcast *Branding em Tudo*, disponível nas principais plataformas de áudio:

Episódio #014: Propósito de Marca. Todas precisam ter?
Episódio #020: Posicionamento de marca - Você sabe como fazer?
Episódio #021: Expressão Verbal - A renegada do Branding.
Episódio #BrandingEm10: Top 5 arquétipos batidos pra construção de marca.
Episódio #BrandingEm10: Por que fazer um vídeo manifesto?

EXERCÍCIO

Agora que você entendeu como construir uma plataforma de marca, que tal materializar todas as suas escolhas no BDP Canvas, ferramenta exclusiva criada por mim?

Branding Canvas - BDP

Propósito da marca A razão da sua marca existir	**Iniciativas da marca** Quais atividades a sua marca está fazendo para construir sua imagem	**Perfil de cliente** Informações do perfil do seu cliente (comportamento, preferências, região, etc.)	**Produtos** Lista de produtos que sua marca vende
Expressão visual Como sua marca se comporta visualmente Cores principais	Imagens	Tipografia	**Tom de voz** A maneira como sua marca se expressa na escrita
Atributos funcionais Principais atributos para escolha da sua marca		**Atributos emocionais** Principais atributos para escolha da sua marca	**Arquétipo** Principal e secundário que transmite a personalidade da marca

13

O quinto passo:
lançar no mercado

Foram meses, talvez até anos de empenho desenvolvendo o seu produto, estruturando o seu negócio e criando a sua marca. Então chega o momento mais esperado de todos: jogar para o mundo os frutos do seu trabalho árduo.

E justamente porque se dedicou muito à produção de tudo, você não tem energia nem dinheiro para fazer um lançamento com evento, campanha de comunicação ou parceria com outras marcas ou influenciadores. Então simplesmente começa a comercializar o seu produto ou serviço, sem nenhum esforço consciente e intencional para que a sua oferta chegue aos públicos de interesse.

Peço desculpas pela franqueza, mas esse é o caminho mais rápido para jogar na lata do lixo tudo o que você desenvolveu até esse momento.

Não que você precise fazer um lançamento astronômico para a marca, com champanhe, presença VIP e sorteio de carro zero. Mas pelo menos uma boa comunicação deve estar envolvida. Não importa se o seu negócio é físico ou digital, você precisa avisar que sua marca chegou ofertando tais produtos e tais serviços. Caso contrário, o processo de entrar na cabeça e no coração das pessoas, ou, em outras palavras, de fazer a sua marca ser lembrada, considerada e, então, preferida, fica ainda mais demorado do que já é.

Por isso, é sempre aconselhável que as marcas não deixem um orçamento reservado apenas para a construção da empresa, dos produtos e da marca, mas também para a divulgação.

A REGRA DOS 70-30

Aqui, entra a regra dos 70-30. Não é algo que aprendi academicamente, mas, sim, uma observação fundamentada pela minha experiência de mais de catorze anos gerenciando verbas de marcas grandes e pequenas, tanto em agências de publicidade quanto em empresas e, agora, na minha consultoria, a Galileo Branding.

A regra dos 70-30 consiste em reservar 70% do orçamento de comunicação para mídia, ou seja, divulgação de campanhas institucionais, sazonais ou de lançamento, e os outros 30% para a produção dos materiais que vão compor essas campanhas, tais como posts, sites, hotsites, cardápios, panfletos, banners, ensaios fotográficos, designer, redator...

Pode ser surpreendente para alguns, mas o ideal é gastar mais na divulgação do que na produção dos materiais de comunicação. Afinal, investir dinheiro em mídia é a única maneira precisa de alcançar o consumidor com as mensagens da sua marca.

Ter uma verba adequada para divulgar as suas campanhas é tão importante que se você tiver muitos projetos para comunicar ao longo do ano e perceber que não vai conseguir cumprir a proporção dos 70-30, o meu conselho é postergar alguns desses projetos. Em vez de 10 projetos mal comunicados, foque em ter cinco bem comunicados.

Nesse momento, você pode estar pensando:

— Ah, mas as redes sociais são gratuitas, então eu posso me comunicar com o meu público por meio de posts orgânicos.

Poder você pode. Porém, é importante entender que o momento atual das redes sociais é bem diferente do que era quando elas se popularizaram há mais ou menos uma década. Hoje, estima-se que o Instagram entregue conteúdo orgânico para 7,6% da sua base de seguidores.[70] O que significa que nem quem te segue está recebendo o conteúdo que você produz. Imagine então se o seu intuito for conquistar seguidores/clientes novos...

A única solução para driblar esse empecilho e realmente crescer nas redes sociais é investir em mídia paga. Mais do que atingir um número maior de pessoas, você consegue alcançar seus públicos de interesse, já que é possível segmen-

---

[70] UDESCU, A. [What data says] social media reach is declining on Instagram. **Social Insider**, 12 fev. 2024. Disponível em: https://www.socialinsider.io/blog/social-media-reach/. Acesso em: 22 fev. 2024.

tar por demografia e por interesses. No caso do BDP Imersão, por exemplo, cujas aulas também existem na versão presencial, eu posso segmentar meus anúncios para residentes no Brasil, interessados em marketing, branding, comunicação, de 30 a 40 anos e com níveis de carreira acima de coordenação/primeira gerência, por exemplo.

Muito mais eficaz do que anunciar na TV, meio que, por ser de massa, atinge uma variação muito grande de perfis. Anunciar no intervalo do Jornal Nacional brilha os olhos de qualquer empreendedor ou gestor de marca, porém, deve-se ter em mente que boa parte do público pode não ser o seu. Nesse caso, fazer publicidade lá seria como dar um tiro de canhão para acertar um passarinho.

O que não quer dizer que anunciar na TV não seja válido. A televisão ainda é o meio de comunicação preferido de 63% dos brasileiros, como mostrou a Pesquisa Brasileira de Mídia divulgada em 2023 pela Secretaria de Comunicação Social da Presidência da República.[71] Mas ela é um meio caro, tanto em termos de produção quanto de divulgação, e isso precisa ser considerado, principalmente se a sua marca tem verba limitada.

---

71   SECRETARIA DE COMUNICAÇÃO SOCIAL. **Pesquisa brasileira de mídia – 2016.** versão 29 ago. 2016. Disponível em: https://www.gov.br/secom/pt-br/acesso-a-informacao/pesquisa/lista-de-pesquisas-quantitativas-e-qualitativas-2013-a-2018/pesquisa-brasileira-de-midia-pbm-2016-1.pdf/view. Acesso em: 22 fev. 2024.

Vale ressaltar que pode haver uma pequena variação na proporção entre mídia e produção. Marcas de luxo, por exemplo, costumam gastar mais com produção, chegando à proporção 60-40, já que suas comunicações são mais refinadas e exigem um melhor acabamento, como fotos mais produzidas e embalagens mais premium. No outro oposto, as marcas que são populares e muito consolidadas podem investir ainda mais em mídia e ainda menos em produção, algo em torno de 80-20, porque sabem que seus produtos já vendem por si só devido a sua popularidade e é apenas questão de fazer o público saber que eles existem, agora numa nova versão, num novo formato ou sabor.

O TRIPÉ DA FORÇA DE MARCA

Mas quantas pessoas eu preciso alcançar? Com que frequência devo falar com elas? E durante quanto tempo uma campanha de comunicação deve permanecer no ar para ser eficaz?

Essa é a pergunta de um milhão de reais. E a verdade é que não existe um protocolo. Tudo vai depender do mercado em que você atua e do dinheiro que tem à disposição para investir em mídia.

De qualquer maneira, vale trazer aqui, para enriquecer o debate, o conceito da tríade da força de uma marca, que é composta pelos pilares **alcance**, **frequência** e **consistência**. Já falamos de algo parecido com isso no capítulo 5, quando abordamos os desafios de se construir uma marca. Mas, agora, esses três elementos serão encarados sob a ótica de uma campanha de comunicação.

O **alcance** se refere às pessoas que vão ver a sua publicação. Uma campanha de comunicação só é bem-sucedida se chegar a um bom número de pessoas. Mais do que isso, se essas pessoas fizerem parte do público de interesse da marca. E o melhor caminho para o bom alcance é o tráfego pago.

Pense que seu consumidor é uma pessoa comum que, assim como você, tem uma rotina e uma série de preocupações ao longo do dia: trabalhar, fazer a compra do mês, cozinhar, praticar atividade física, ler um livro, arrumar a casa, cuidar dos filhos, socializar com os amigos... Ninguém acorda pensando em interagir com marca nenhuma. Ninguém levanta da cama dizendo: *nossa, que vontade de entrar no perfil da Farm e ver o que eles postaram essa semana!*

Por isso, você precisa fazer um esforço intencional, e pago, para fazer parte do dia a dia dessas pessoas.

Vejo marcas tentando viralizar seus conteúdos organicamente, sonhando com o dia em que isso vai acontecer. Conseguir produzir um viral é legal? Sem sombra de dúvidas. O problema é que, na maioria das vezes, perde-se o controle do alcance e, em vez de atingir pessoas que estão interessadas na sua marca, o viral impacta pessoas que não vão interagir com as suas próximas publicações e muito menos comprar algum dos seus produtos.

A **frequência**, por sua vez, diz respeito à quantidade de vezes que você conversa com o público que alcançou. Seu principal objetivo é fixar a mensagem, uma vez que o ser humano precisa de repetição para criar associação. Só para se ter uma base de comparação, especialistas em linguagem estimam que uma pessoa precisa ser exposta a uma palavra de 15 a 20 vezes para memorizá-la e incorporá-la em seu vocabulário.[72] Portanto, de nada adianta transmitir uma mensagem para alguém uma só vez e depois desaparecer.

Não significa, contudo, que você precisa repetir exatamente a mesma peça de comunicação. É plenamente possível transmitir uma mensagem de formas diferentes. Também não quer dizer que você precise interromper o seu potencial cliente em absolutamente tudo o que ele vai fazer na internet ao longo do dia. A linha que separa a frequência ideal da frequência irritante é tênue. Portanto, trate de encontrar esse equilíbrio. A Meta, grupo dono do Facebook, Instagram e WhatsApp, lançou um estudo que mostra que, se uma pessoa for impactada pela sua marca pelo menos de duas a três vezes por semana, a intenção de compra pode aumentar em até 95%.[73]

Por fim, temos a **consistência**, que se refere ao período de tempo em que a mensagem vai ser repetida para o público. É natural que a consistência seja intensa em períodos de lançamento, promoção e datas comemorativas, por exemplo, e mais baixa nos outros períodos do calendário da empresa,

---

72   LLORENTE, A. Quantas vezes o cérebro precisa ser exposto a uma palavra para aprendê-la? **BBC**, 28 nov. 2017. Disponível em: https://www.bbc.com/portuguese/geral-42139658#. Acesso em: 22 fev. 2024.

73   EFFECTIVE frequency: reaching full campaign potential. **Facebook IQ**, 21 jul. 2016. Disponível em: https://www.facebook.com/business/news/insights/effective-frequency-reaching-full-campaign-potential. Acesso em: 22 fev. 2024.

apenas para manter a lembrança da marca ativa na cabeça do consumidor. Somente as marcas milionárias conseguem se comunicar com seus públicos de interesse durante o ano todo. Todo o resto precisa fazer escolhas, e elas geralmente estão atreladas à sazonalidade.

Lembrando que, como em qualquer tripé, os três pilares que sustentam a força de uma marca precisam estar em equilíbrio. De nada adianta atingir 100 mil pessoas apenas uma vez durante três meses. Ou falar com 50 pessoas, quatro vezes por semana, ao longo de dois meses. Ou então alcançar 200 mil pessoas, uma vez por dia, num período de apenas uma semana.

OS PRINCIPAIS ERROS QUE AS MARCAS COMETEM EM LANÇAMENTOS

Especialmente se sua marca for iniciante, fazer um lançamento pode parecer um bicho de sete cabeças. E embora este guia tenha nascido com o intuito de ajudar você a criar e a consolidar a sua marca no mercado, eu não posso mentir: assim como todos os outros processos de branding que aprendemos até agora, o de lançamento também é trabalhoso.

Mas é no aspecto financeiro que a maioria das marcas se perde. Porque sim: tal como construir, lançar uma marca é caro. A seguir, listei quatro erros comuns na ocasião do lançamento, para que você preste atenção redobrada a essas questões.

1. Não considerar as particularidades do seu mercado

Certa vez, prestei consultoria de branding para uma empresa do segmento financeiro. Marca iniciante, dois anos de mercado, ainda construindo sua base de clientes. Eles tinham R$ 20 milhões para fazer uma campanha publicitária de três meses.

Para a imensa maioria das marcas que estão começando, seria um sonho ter toda essa disponibilidade de dinheiro para investir em publicidade. Acontece que, comparado ao tanto que o mercado financeiro gasta com publicidade anualmente, R$ 20 milhões é um valor irrisório. Por incrível que pareça.

De acordo com estudo realizado pela empresa de pesquisa Kantar Brasil, em 2021, o mercado financeiro investiu R$ 1,4 bilhão em publicidade.[74] Só o principal concorrente do meu cliente investiu R$ 144 milhões, o que equivale a uma verba sete vezes maior.

Por isso, independentemente do seu orçamento, seja ele muito grande ou muito pequeno, cuide para fazer a segmentação correta e tomar decisões mais sábias nas suas campanhas.

2. Lançar a marca em etapas

De uns anos para cá, as metodologias ágeis, como Scrum, Kanban e Lean, se popularizaram no mundo corporativo como uma maneira de organizar tarefas e tornar a produção mais rápida, estruturando as entregas e os lançamentos em fases. Sem dúvida, são metodologias bastante relevantes e eficazes em diversas situações, inclusive dentro do Marketing.

---

[74] KANTAR IBOPE MEDIA. **Digital ad spend 2021.** São Paulo: IAB Brasil, 2021. Disponível em: https://static.poder360.com.br/2022/06/integra-digital-ad-spend-brasil.pdf. Acesso em: 22 fev. 2024.

Mas não no Branding.

Quando uma marca nasce, ela deve mostrar a que veio. Todo lançamento precisa de impacto. E se você fizer o lançamento da sua marca em etapas, certamente vai perder esse poder de mobilização e engajamento.

Imagine que você cria a sua marca. Primeiro, inaugura a loja física, mas o site ainda não está funcionando. Depois, coloca o site no ar, mas o Instagram ainda não tem conteúdo nenhum. Aí, quando começa a alimentar o Instagram, se dá conta de que o WhatsApp corporativo ainda não está ativo.

Percebe como esse lançamento fica enfraquecido e como ele alcança muito menos pessoas do que o possível, caso tivesse existido o mínimo de planejamento financeiro e de tarefas?

Outro erro comum que se difundiu com a cultura ágil é de que podemos fazer um MVP (ou MPV, termo conhecido como Mínimo Produto Viável) de uma marca. O que isso significa na prática? "Lança do jeito que está, básico mesmo, e a gente vê como vai ser a reação do consumidor".

Parece lógico e eficiente fazer esse tipo de estratégia, mas como você vai construir na cabeça do consumidor algum significado em um tempo muito curto, e com muitas partes da estratégia faltando, em nome da agilidade? De novo, se você quer construir uma imagem de marca, ela precisa vir acompanhada de todos os aspectos que você definiu na plataforma para, aí sim, comunicar. Não fazer isso é gastar tempo e energia para depois ter que refazer todo o trabalho lá na frente.

Procure sempre fazer o máximo com a verba que você tem.

3. Fragmentar a comunicação em diversas mídias

Não é fácil acompanhar a pós-modernidade. Para além dos debates mais filosóficos, como a liquidez das relações, a diluição das fronteiras pela globalização e a manipulação das informações, há também questões práticas, como administrar a nossa existência simbólica em diversas redes sociais.

Só na década passada, entre 2010 e 2019, assistimos ao nascimento do Instagram, do Snapchat, do Tinder, do Telegram e do TikTok, além de evoluções substanciais no WhatsApp e no X, antigo Twitter.

Diante dessa profusão de redes sociais, a tentação de estarmos presentes e ativos em todas elas é grande. Porém, isso não é possível, a menos que você tenha muita verba e uma equipe dedicada a fazer o gerenciamento dos seus perfis.

Vamos supor que a sua marca tenha 10 mil reais mensais para mídias sociais. A partir do momento em que você fragmentar essa verba entre Facebook, Instagram, TikTok, X, YouTube e podcast, terá seis redes com alcance muito pequeno, quase ínfimo e, provavelmente, com frequência e consistência bem baixas também.

Por isso, analise o seu negócio, o perfil de cada rede e entenda em quais delas faz sentido sua marca manter presença. Concentre-se em duas ou três e faça um bom trabalho nelas.

4. Gastar todo o dinheiro com a produção e não ter orçamento para divulgação

Por fim, o erro mais comum e também mais nocivo: ignorar completamente a regra dos 70-30, gastando tudo para produzir a campanha e não deixando sequer um centavo para a divulgação do que produziu.

De que adianta fazer um trabalho primoroso se as pessoas não ficarem sabendo que ele existe? Pode até ser interessante para o seu ego. Pra você provar para si mesmo que é capaz de construir algo bom e substancioso. Porém, marcas são negócios e, como tal, precisam ser financeiramente rentáveis e sustentáveis. Caso contrário, não é uma marca: é um hobby.

Recentemente, dei mentoria para um empreendedor dono de uma marca de 15 anos. Ele me procurou porque sentiu que as vendas estagnaram e que ele já não conseguia recrutar revendedores para a sua operação. A solução, ele pensou, estava em fazer um rebranding, atualizando a identidade verbal e visual da marca para chamar a atenção.

Ele até tinha dinheiro para arcar com o rebranding, mas não o tinha para comunicá-lo. Meu conselho foi segurar os planos da virada da marca para o futuro, quando ele tivesse se organizado financeiramente para isso. Afinal, de que adianta trocar o logo, suavizar as cores, fazer novas embalagens e atualizar as mensagens da marca se não houver verba para comunicar todas essas mudanças e fazer o consumidor se engajar com elas?

E NUM LANÇAMENTO OFF-LINE, QUAIS SÃO OS PONTOS DE ATENÇÃO?

Ao longo deste capítulo, focamos muito na comunicação digital. Essa é a realidade do brasileiro. A gente tem um bom relacionamento com as redes sociais. Gostamos delas, passamos várias horas dos nossos dias rolando feeds, as usamos como canais para nos divertir, nos informar e comprar.

Segundo o estudo "Tendências de Social Media 2023", conduzido pela empresa de análise Comscore, estamos em terceiro lugar no ranking de países que mais usam as redes sociais no mundo, ficando atrás apenas da Índia e da Indonésia.[75]

Porém, o ambiente off-line existe e também é bastante desenvolvido no Brasil, especialmente nas grandes cidades, que contam com displays de mídia exterior (*out of home*, em inglês) em pontos de ônibus, rodovias, relógios de rua, estações de trem e metrô e até mesmo dentro dos veículos de transporte público. Por isso, precisa ser considerado.

E as preocupações por parte do empreendedor ou do gestor de marca devem ser as mesmas. Esse canal tem aderência com o público? Como o nível de segmentação é baixíssimo, vale a pena investir nesse espaço publicitário? A resposta para essas perguntas pode estar em pesquisas de mercado que mostram a relação entre o seu público de interesse e os meios de comunicação existentes.

Embora possa parecer uma escolha arriscada, já que não temos como saber a demografia exata das pessoas que passam por um ponto de ônibus ou um display de shopping, vale

---

[75] PACETE, L. Brasil é o terceiro maior consumidor de redes sociais em todo o mundo. **Forbes**, 9 mar. 2023. Disponível em: https://forbes.com.br/forbes-tech/2023/03/brasil-e-o-terceiro-pais-que-mais-consome-redes-sociais-em-todo-o-mundo/. Acesso em: 22 fev. 2024.

ressaltar que, para determinados segmentos de mercado, faz total sentido investir em mídia off-line. Perfumaria, por exemplo. Você pode descrever as notas olfativas e as ocasiões de uso de um perfume, mas nada se compara, sob o ponto de vista do consumidor, à possibilidade de borrifar a fragrância no pulso para experimentar o cheiro, a fixação e a projeção dela.

Por isso, nesse caso, faz sentido a marca investir em ativações em shoppings centers e eventos, em peças de comunicação para vitrine e em ações de distribuição de amostras, por exemplo.

CONSTRUINDO AS MENSAGENS DE UMA MARCA

As táticas para estruturar a comunicação da sua marca você já sabe. Agora, é hora de definir o que vai ser comunicado.

As mensagens ideais de uma marca derivam de seu posicionamento, que nada mais é do que a maneira como ela gostaria de ser reconhecida. Como aprendemos nos capítulos anteriores, o posicionamento de uma marca deve ser único; inclusive, foi para encontrar esse lugar ainda não explorado que você fez um benchmarking bastante completo, analisando o mercado e seus principais concorrentes.

No mercado brasileiro de cosméticos, de qual marca você lembra quando ouve falar em sustentabilidade? Certamente Natura. E quando o assunto é empoderamento e empreendedorismo feminino? Provavelmente Avon.

Essas marcas só conseguiram se apropriar dessas temáticas porque repetiram exaustivamente mensagens que estimulassem tais associações no cérebro das pessoas. Foi graças a essas mensagens que a gente, como público consumidor, criou um repertório de significados para as marcas que nos rodeiam.

Na ânsia de querer falar tudo sobre si, muitas marcas caem na armadilha de comunicar uma dezena de mensagens sem conexão umas com as outras. *A minha marca é sustentável. E também apoia o empoderamento feminino. E também utiliza alta tecnologia na fabricação dos produtos. E também nasceu quando o fundador enxergou a necessidade de trazer questões de diversidade e inclusão para um mercado tão conservador. E também coloca a segurança, tanto dos consumidores quanto dos colaboradores e das comunidades onde atua, como prioridade. E também fomenta a inovação. E também aceita várias formas de pagamento para democratizar o acesso aos seus produtos.*

Percebeu como, quando falamos tudo, acabamos não fixando nada nem formando uma imagem consistente na mente do outro?

O cérebro humano, apesar de fascinante, tem suas limitações. Uma delas é conseguir reter, no máximo, três mensagens sobre uma marca. Você pode ter uma marca polivalente, que faz de tudo, que conversa com múltiplos públicos e que se envolve em todas as causas sociais. Mas se você despejar todas essas informações em cima do seu consumidor, ele vai ficar confuso.

> Por isso, construa apenas uma mensagem principal, relacionada à sua maior fortaleza e, debaixo desse guarda-chuva, organize as mensagens secundárias que, preferencialmente, devem ser derivadas da mensagem principal.

Mas como definir a mensagem principal?

É claro que ela precisa estar intimamente ligada ao propósito e à essência da sua marca. Porém, há um abismo entre o que a gente quer comunicar e o que o nosso público precisa ouvir. E é para ilustrar essa diferença que trago aqui, mais uma vez, o case da instituição financeira que mencionei há alguns capítulos.

A instituição é um banco digital voltado para pessoas jurídicas. Quando fui contratado para prestar consultoria para eles, a marca já estava lançada e constantemente fazia campanhas de comunicação para aumentar sua base de usuários. Como estratégia de captação de novos clientes, eles divulgavam mensagens funcionais: abertura de conta gratuita, emissão ilimitada de boletos sem taxa e cartão empresarial sem anuidade.

Ótimos atrativos, não? Afinal, quem não quer uma conta PJ sem burocracia e sem custos?

Acontece que nada disso estava sendo suficiente para trazer novos clientes, porque existia uma mensagem muito mais primária que precisava ser reforçada: a de que o banco era confiável.

Por meio da *brand health tracking*, que é a pesquisa de saúde de marca, aferimos que os públicos de interesse tinham um pé atrás com relação à marca. Se tudo é de graça, como é que o negócio se sustenta? Como vou deixar o dinheiro da minha empresa em um banco de que nunca ouvi falar? Em outras palavras, quando a esmola é demais, o santo desconfia. Era esse o raciocínio que impedia os novos clientes de chegarem até o banco.

Diante disso, reestruturamos todo o guarda-chuva de mensagens da marca e passamos a reforçar os atributos de confiança, renome e solidez. Explicamos quem estava por trás do banco, trouxemos cases de empresas clientes, reforçamos a presença da marca por meio de patrocínio a alguns eventos estratégicos do setor...

Quer dizer então que deixamos de falar de produtos e serviços, como cartões, sistema de gestão empresarial e a ausência de tarifas? Não. Continuamos trazendo os diferenciais funcionais, mas sempre referenciando à mensagem principal de solidez e confiabilidade.

A moral da história? É que, na ansiedade de mostrarmos a que viemos, queremos provar o quão incríveis somos e como oferecemos benefícios que a concorrência não oferece. Mas, muitas vezes, precisamos dar um passo atrás. O processo de o consumidor construir confiança em uma empresa leva tempo, assim como acontece nas relações interpessoais.

Quando você marca um primeiro encontro com um potencial parceiro afetivo, já sai de lá confiando plenamente na pessoa? Não. Você troca telefone, vai conversando por mensagem, procura saber se existem amigos em comum, como é a relação dela com a família, com o que ela trabalha... É assim, a passos de formiguinha, que a confiança se constrói. E é só a partir da confiança que a conversão acontece. Em qualquer tipo de relação.

Como a pesquisa de saúde de marca se relaciona com as mensagens a serem comunicadas?
Uma pesquisa de saúde de marca, em linhas gerais, mapeia o que os consumidores pensam a respeito de certa marca, compreendendo desde o segmento em que ela atua até a maneira

como ela é percebida pelos consumidores. Agregando insumos tanto qualitativos quanto quantitativos, é possível sondar as principais motivações que levam o consumidor a comprar determinados produtos e a escolher determinadas marcas em detrimento de outras.

No âmbito da construção das mensagens-chave, essa metodologia é valiosíssima para mostrar se a marca em questão está comunicando o que precisa ser comunicado.

Na pesquisa de saúde de marca do banco, por exemplo, entendemos que, no segmento financeiro, os principais requisitos para o consumidor se fidelizar a uma marca são: (1) ela é sólida e renomada no mercado, (2) oferece crédito de forma descomplicada e rápida e (3) garante a segurança dos dados do cliente na internet.

Se esses são os principais elementos que ele leva em consideração na hora de fazer a sua escolha, é sinal de que são esses os atributos que um banco precisa trabalhar e comunicar se quiser aumentar sua base de clientes. O famoso "dizer o que ele quer ouvir".

Para além desse direcionamento sobre o que precisa ser comunicado, a pesquisa de saúde de marca também ajuda a entender o quanto uma marca está associada aos atributos que são mais valiosos para o consumidor. Se uma marca tiver baixa associação ao critério que é top 1 na decisão de compra do cliente, é sinal de que ela precisa ou desenvolver melhor esse atributo ou simplesmente comunicá-lo com mais ênfase para, assim, se tornar reconhecida por ele.

Nesse momento, você pode estar pensando:

— Eu não tenho dinheiro para contratar uma pesquisa de saúde de marca. Quer dizer então que vou ficar perdido, sem saber o que falar para o meu público?

Se você se identifica com essa angústia, a minha sugestão é que marque um bate-papo por telefone ou videoconferência com até seis clientes da sua marca. Elabore um roteiro de perguntas qualitativas para fazer para essas pessoas e investigue quais critérios elas levam em consideração na hora de adquirir um produto ou serviço da sua categoria e até que ponto elas acham que a sua marca atende a esses critérios. A partir dessas entrevistas, é possível ter um bom parâmetro de quais mensagens desenvolver.

Ouvir o consumidor é sempre o caminho mais seguro para você ser preciso nas suas comunicações.

O problema é que se apenas dissermos o que ele quer escutar, acabamos pecando na inovação e perdendo a oportunidade de criar uma nova imagem da categoria na mente dele. E é aí que entra a ousadia das marcas disruptivas, como o Nubank.

Mesmo fazendo parte de uma categoria conservadora como o mercado financeiro, o Nubank resistiu à tentação de comunicar tradição e solidez e optou por focar nos seus diferenciais: a simplicidade e a praticidade. Abrir conta pela internet, conversar com o seu banco de forma on-line e humanizada, não pagar anuidade no cartão: todas essas mensagens foram tão divulgadas pela marca, e acabaram assumindo uma grande relevância para o consumidor e se tornando atributos a serem trabalhados pelos outros bancos atuantes no mercado brasileiro.

Com uma pitada de audácia e de inovação, o Nubank passou a ditar as regras da categoria em que atua. Então, a lição aqui é entender que precisamos comunicar o que o consumidor necessita saber para confiar em nossas marcas, mas sem nos esquecer de incluir a nossa essência, e posicionamento, na estratégia, porque é ela que vai gerar a tão sonhada diferenciação.

Depois de quanto tempo eu posso trocar as mensagens-chave da minha marca?

Essa não é uma resposta objetiva porque, como em todas as questões relacionadas ao branding, há muitas variáveis envolvidas, como alcance, frequência e consistência, que, por sua vez, são tão maiores quanto mais abundante for a verba.

Ou seja, se você é uma marca poderosa e consegue ter alcance, frequência e consistência altos, talvez possa trocar suas mensagens mais rapidamente. Mas antes de efetivamente alterar a rota, reflita: por que tanto desespero para fazer essa mudança?

Até a Coca-Cola, que sempre figura nos rankings de marcas mais valiosas do mundo, leva anos para trocar suas mensagens. Mesmo sendo uma marca icônica e conhecidíssima, ela quer criar uma associação forte entre o que diz e o que é, e sabe que isso leva tempo.

Atualmente, o slogan da Coca é "a magia acontece". Mas já foi "Abra a felicidade", "Sinta o sabor", "O lado Coca-Cola da vida"... Em 138 anos, foram 47 slogans, o que dá uma média de quase três anos de veiculação para cada slogan, bem como seu posicionamento associado a ele. As mudanças acontecem mais para que a marca se atualize conforme o espírito do tempo do que para servir a um capricho dos executivos da empresa.

— Quer dizer então, Galileu, que eu só posso trocar as mensagens depois de três anos ou mais?

Não necessariamente, embora quanto menor seja o investimento, mais tempo o consumidor leva para criar a associação desejada. Um bom parâmetro para saber se já é possível realizar a troca de mensagens é a famigerada pesquisa de saúde de marca. Sim, de novo ela. Como ela é medida mensalmente, é fácil aferir se a associação da sua marca aos atributos comunicados aumentou. Uma vez que você ultrapassar o seu concorrente na associação, aí, sim, você pode mudar de mensagem.

Como quase tudo na vida, isso também é uma questão de tempo, e dinheiro.

AMPLIE SEU CONHECIMENTO

Para continuar aprendendo sobre o tema, você pode escutar os seguintes episódios do meu podcast *Branding em Tudo*, disponível nas principais plataformas de áudio:

Episódio #BrandingEm10: A tríade da construção de marca.
Episódio #049: A regra do 70/30.
Episódio #067: Como começar: uma marca sem dinheiro.
Episódio #093: Redes sociais ajudam a construir marca? (com Gil Pinna).
Episódio #020: Posicionamento de marca - Você sabe como fazer?
Episódio #021: Expressão Verbal - A renegada do Branding.
Episódio #BrandingEm10: Top 5 arquétipos batidos pra construção de marca.
Episódio #BrandingEm10: Por que fazer um vídeo manifesto?

EXERCÍCIO

E para te ajudar no processo de definição do que comunicar, montei o que chamo de Mapa de Mensagens num template fácil de entender. Agora é a hora de você definir qual é a sua mensagem principal (ou Mensagem Guarda-Chuva) e como ela será adaptada, sem perder a essência do significado, para cada público de interesse da sua marca. Vamos lá?

Principal mensagem da marca:

Público:

Principal mensagem para esse público

1. **Diferencial:**
   - Argumento:
   - Argumento:
2. **Diferencial:**
   - Argumento:

Público:

Principal mensagem para esse público

1. **Diferencial:**
   - Argumento:
   - Argumento:
2. **Diferencial:**
   - Argumento:

Público:

Principal mensagem para esse público

1. **Diferencial:**
   - Argumento:
   - Argumento:
2. **Diferencial:**
   - Argumento:

14

O sexto passo:
a manutenção da marca

— Ufa, finalmente coloquei minha marca no mundo. Agora que tudo já está bem encaminhado, nada mais merecido do que tirar um mês pra me desligar do mundo e desfrutar de um bom descanso. Certo?

Olha, merecido até é, mas pode ser que o seu descanso não seja possível. Marca é como filho: dá trabalho para gestar e ainda mais para criar e educar.

Não à toa, branding é uma palavra no presente contínuo, tempo verbal que, no inglês, expressa uma ação que está em progresso, algo como o nosso gerúndio. Fazer branding é um processo sem fim. Ele sempre continua, dia após dia, mês após mês, ano após ano. Mas ele não acontece sozinho. É um processo ativo, que exige a condução firme do gestor da marca.

Para executar esse papel, o gestor deve estar atento a tendências, comportamentos do consumidor e demandas da sociedade em geral, o que não significa que a marca precise atender a todas essas tendências, comportamentos e demandas, virando um Frankenstein do ativismo. Fazer um bom branding, afinal, é também saber quais brigas não comprar e quais trends ou virais que fazem sentido pra sua marca e quais não fazem.

São dois os pontos em comum entre todas as marcas que resistem por décadas e mais décadas: (1) elas se atualizam de acordo com o espírito do tempo e (2) elas se mantêm fiéis à sua essência. Podem parecer dois fatores conflitantes, porque enquanto um remete à renovação, o outro remete à tradição.

E é aí que está o segredo: revigorar, mas sem renegar. Atualizar, mas sem perder a relevância. Trazer novos gestores com atitude o suficiente para imprimirem sua personalidade, mas também com o respeito necessário para considerarem o que o fundador da marca gostaria que fosse feito. Tornar-se significativa para o momento atual, mas sem ignorar os motivos que garantiram a significância no passado.

Quem joga esse jogo com maestria, mais uma vez, são as marcas de luxo. É tradição no segmento reverenciar os fundadores; ao contrário de muitas marcas, que a cada gestão mudam de direcionamento, pela simples necessidade que o novo gestor sente de deixar sua marca, imprimindo uma visão própria de mundo que, muitas vezes, não condiz com o propósito nem com a essência originais.

Embora eu seja categórico em afirmar que esse tipo de comportamento resulta em uma marca bagunçada e sem personalidade, não tenho como julgar os profissionais que se comportam assim. Vivemos em um mundo que nos cobra criatividade e inovação a todo momento e que nos bonifica por isso. No corporativo, o gestor de marca que perpetua o trabalho de seu antecessor é encarado como pouco inovador, preguiçoso, medroso, acomodado em fazer mais do mesmo; em suma, um profissional de baixa performance. O sistema nos força a incorporar mudanças atrás de mudanças, sem que tenhamos a oportunidade de refletir sobre a importância do legado.

O mercado de luxo, por sua vez, consegue subverter essa lógica cruel e fazer da tradição um ativo de valor. Cada estilista ou diretor criativo que assume a marca faz a gestão dela guiado pela seguinte linha de raciocínio: como posso criar algo novo sem deixar de lado o legado de Guccio Gucci? Como trazer frescor, mas sem ignorar a essência definida por Christian Dior? O que pretendo fazer vai respeitar ou ferir o que Louis Vuitton criou há cento e setenta anos?

É assim que essas marcas conseguiram resistir tão bem ao tempo, ganhando cada vez mais *equity* e aumentando sua relevância no mercado.

Do outro lado, observo que as marcas que não resistem ao tempo são as que não entendem que o mundo mudou ou as que se adaptam tanto para caber nesse novo mundo que acabam deixando de lado seus valores e suas características mais marcantes.

É impossível, para mim, tocar nesse assunto sem me lembrar de duas grandes marcas de moda cujo declínio, infelizmente, acompanhei em tempo real: Abercrombie&Fitch e Victoria's Secret.

A Abercrombie foi fundada em 1892, por um homem apaixonado por esportes ao ar livre. Ao longo dos anos, se consolidou como a marca de produtos esportivos da elite estadunidense, tendo conquistado espaço na mente, no coração e no guarda-roupa de personalidades como o presidente John F. Kennedy, a atriz Greta Garbo e o escritor Ernest Hemingway. Mesmo assim, só veio atingir seu auge na década de 1990, quando atraiu o interesse dos *cool kids*, jovens descolados, bonitos, populares e com corpos malhados ao vender exatamente esses atributos em suas comunicações. Modelos sem camisa e em poses sensuais estampavam outdoors, catálogos e embalagens da marca.[76]

A Victoria's Secret, por sua vez, existe desde 1977, depois que seu fundador se sentiu acanhado ao comprar peças íntimas para sua esposa em uma loja de departamento nos Estados Unidos e resolveu abrir um comércio de lingerie no qual as pessoas, independentemente do sexo, não tivessem receio de entrar. A marca começou a ganhar destaque também na década de 1990, depois de fazer grandes campanhas publicitárias, e se consolidou com as famosas Angels, modelos

---

76   SEGALLA, A. A crise da Abercrombie, grife que só queria clientes "bonitos e magros". **Veja**, 11 dez. 2020. Disponível em: https://veja.abril.com.br/economia/a-crise-da-abercrombie-grife-que-so-queria-clientes-bonitos-e-magros. Acesso em: 23 fev. 2024.

internacionais bonitas e sexy, responsáveis por representar a marca usando asas de anjo nos desfiles de moda.[77]

Ambas as marcas se apoiavam bastante no atributo de sensualidade. E quando o padrão de beleza começou a mudar nos anos 2000, agregando mais diversidade de corpos e cores, seus diretores criativos foram à imprensa dizer que não entrariam nessa "onda passageira". A Abercrombie era feita para quem malhava, e a Victoria's Secret era feita para mulheres cis e magras. Ponto final.

Acontece que não se tratava de uma onda passageira. As práticas de diversidade e inclusão vieram para ficar, e as duas marcas precisaram se adaptar para se conectar com as gerações mais novas. E além de terem tardado, essas adaptações foram feitas desconsiderando completamente o atributo de sensualidade que tanto fazia parte da herança de ambas.

A Abercrombie passou a usar modelos mais diversos em suas campanhas, mas os colocou em roupas básicas e em cenários mais básicos ainda, que em nada lembravam o ar *cool* que alavancou a marca nos anos 1990. A Victoria's Secret também trouxe outros corpos como representantes, mas se recusou a encaixá-los na sensualidade tão característica da marca.

---

[77] SPINOSSI, R. Angels da Victoria's Secret povoam imaginário há uma década. **Terra**, 30 abr. 2009. Disponível em: https://www.terra.com.br/vida-e-estilo/autocuidado/moda/angels-da-victorias-secret-povoam-imaginario-ha-uma-decada,e8684ae7bae27310VgnCLD100000bbcceb0aRCRD.html. Acesso em: 23 fev. 2024.

As lingeries de renda e cores ousadas deram lugar a sutiãs e calcinhas beges vestindo modelos que posavam sem carisma em cenários brancos, quase herméticos.

Resultado? Declínio das duas marcas, que já fecharam centenas de lojas Estados Unidos afora e perderam quase toda a relevância que outrora tiveram.

A IMPORTÂNCIA DA MANUTENÇÃO DE MARCA: UMA VISÃO PRÁTICA

Discutidos os principais aspectos filosóficos que rondam a temática da manutenção de marca, vamos para um ponto de vista mais técnico.

Viver na era da informação é uma experiência, digamos, peculiar. Somos constantemente introduzidos a novas marcas e novos produtos. Passamos o dia todo sendo bombardeados por publicidade nos mais diversos formatos. Não importa se estamos on-line ou off-line: seja na TV ou na rede social, no rádio ou no e-mail, vamos ser impactados por comunicações de quem quer nos vender alguma coisa.

Diante dessa enxurrada de estímulos, é muito fácil que uma marca de baixa presença seja esquecida no meio do caminho. Se ela quiser ser lembrada, considerada e preferida, precisa fazer manutenção. E essa manutenção é feita com base em comunicação e publicidade, caminho que vai ser tão mais tortuoso quanto menos dinheiro, planejamento e parceiros qualificados você tiver.

Uma boa agência de comunicação, um bom gestor de tráfego e uma boa empresa de pesquisa de mercado podem ser determinantes para o sucesso da sua marca. E se engana amargamente quem pensa que esse é um investimento temporário, só até a marca ganhar tração, força e popularidade.

Esse é o patamar dos sonhos de todas as marcas. E assim como você precisou investir dinheiro, tempo e energia para chegar até lá, precisará investir mais tempo, mais dinheiro e mais energia para continuar ocupando esse e outros espaços.

Vejo marcas que se sentem no direito de não fazerem nada no presente porque, no passado, foram importantes para os setores em que atuam e acreditam erroneamente que construíram um legado que se sustentará sozinho para sempre. Aí, deixam de se comunicar com seus públicos, de cuidar de seus espaços físicos, de entregar boas experiências para seus consumidores... E, para a surpresa de ninguém, acabam sendo trocadas.

A modernidade líquida,[78] conceito criado pelo sociólogo e filósofo polonês Zygmunt Bauman, também opera no mundo das marcas. Se na época da Revolução Industrial encontrávamos três marcas de sabonete no mercado, hoje encontramos cinquenta. Temos tantas opções, que diante do mínimo desgaste na relação com uma delas, a abandonamos para sempre, sem olhar para trás.

Não entregou o que prometia? Descartada. Não ofereceu um bom suporte pós-compra? Descartada. Fez uma comunicação com mensagem de caráter duvidoso? Descartada. Não se comunicou mais com seu público que outrora foi fiel? Descartada com sucesso.

---

[78] BAUMAN, Z. **Modernidade líquida.** Rio de Janeiro: Zahar, 2021.

É por isso que a Coca-Cola, mesmo tendo mais de 130 anos de existência, ainda faz anualmente campanha de Natal, de férias escolares, de verão: porque sabe que, mesmo que o legado valha muito, a relação da marca e do consumidor precisa de manutenção. Quem não dá assistência abre espaço para a concorrência, como diz a sabedoria popular.

Alta concorrência somada à baixa manutenção, aliás, é a receita para a decadência.

Nessas horas, é impossível não falar da Skol. Por mais que muitos questionem a qualidade da cerveja, é inegável que ela já foi uma marca muito presente no dia a dia do brasileiro. Suas comunicações eram engraçadas. Suas campanhas engajavam. Quem não dançou a dança do caranguejo no começo dos anos 2000? Suas interações com o público eram divertidas, a exemplo da clássica mesa de plástico cujo tampo trazia um joguinho de tabuleiro.

Hoje, a realidade da marca é outra. Ela continua valiosa, mas perdeu bastante em relevância. Na tentativa de guiar conversas, mirou para todos os lados, e atirou nos alvos errados. Em 2015, a campanha de Carnaval que trazia como slogan a frase "Esqueci o não em casa" escancarou para a sociedade o quão profundas são as raízes do machismo estrutural.[79] Em 2017, foi a vez das Skolors, coleção limitada de embalagens

---

[79] BARBOSA, V. Outdoor da Skol para o Carnaval causa indignação em SP. **Exame**, 12 fev. 2015. Disponível em: https://exame.com/marketing/outdoor-da-skol-para-carnaval-causa-indignacao-em-sao-paulo/. Acesso em: 23 fev. 2024.

representando a diversidade dos tons de pele.[80] E embora o movimento fosse bem-intencionado, não tinha nenhuma relação com a categoria e nenhuma ressonância no tom de voz outrora engraçado da marca, que agora se comportava de maneira mais séria, tentando ser militante a cada oportunidade que aparecesse.

— Quer dizer então, Galileu, que toda militância de marca é problemática?

Não, de jeito maneira. Militar, muitas vezes, é a solução. Porém, a militância não pode ser apenas um discurso. Ela precisa estar baseada em boas práticas. De nada adianta fazer uma campanha sobre diversidade étnico-racial se a sua empresa não contrata pessoas pretas para cargos estratégicos e de liderança. Ou ter um manifesto corporativo contra a homofobia se, nas lojas, os atendentes fazem piadas com clientes LGBTQIA+. Isso não é ser diverso e inclusivo: é usar a comunicação como verniz para tentar ludibriar o público.

---

[80] SKOL troca cores de latas para simular diversos tons de pele. **Exame**, 4 abr. 2017. Disponível em: https://exame.com/marketing/skol-troca-cores-de--latas-para-simular-diversos-tons-de-pele/. Acesso em: 23 fev. 2024.

AMPLIE SEU CONHECIMENTO

Para continuar aprendendo sobre o tema, você pode escutar os seguintes episódios do meu podcast *Branding em Tudo*, disponível nas principais plataformas de áudio:

Episódio #022: Territórios de marca e a causa LGBTQIA+.
Episódio #029: Por que as marcas devem se preocupar com o mundo? (feat. Emicida).
Episódio #058: Diversidade e a construção de marcas (com Carola Oliveira - TV Globo).
Episódio #071: Tem verdade nas marcas no mês do orgulho?
Episódio #087: O impacto de uma marca 100% preta (com Felipe Silva - Agência GANA).

EXERCÍCIO

Agora que você entendeu que é a manutenção que vai transformar sua marca em algo duradouro, temos a última ferramenta para você preencher. Dividi o diagrama a seguir em trimestres do ano e contemplei no máximo duas ações a cada bloco de meses, para que você mantenha o foco e os esforços sejam concentrados no que você realmente precisa construir. Lembre-se sempre: quem quer construir tudo ao mesmo tempo não constrói nada.

Manutenção de Marca

Marca:

Janeiro a Março

Ação:
Duração:
Público de interesse:
Verba:

Ação:
Duração:
Público de interesse:
Verba:

Abril a Junho

Ação:
Duração:
Público de interesse:
Verba:

Ação:
Duração:
Público de interesse:
Verba:

Julho a Setembro

Ação:
Duração:
Público de interesse:
Verba:

Ação:
Duração:
Público de interesse:
Verba:

Outubro a Dezembro

Ação:
Duração:
Público de interesse:
Verba:

Ação:
Duração:
Público de interesse:
Verba:

15

O seu compromisso comigo a partir de hoje

Por fim, já me encaminhando para o encerramento dessa nossa conversa de duzentas e tantas páginas, a gente nunca pode se esquecer de que fazer gestão de marca dá trabalho. Tanto ou mais do que para colocá-la no mundo. Estar constantemente atualizado com relação ao que acontece no mundo do marketing dá trabalho. Estar atento aos movimentos e às demandas da sociedade dá trabalho. Pensar no propósito da marca antes de tomar qualquer decisão dá trabalho. Ser intencional em toda e cada ação de marca dá trabalho.

Além das atividades do dia a dia, nós, como gestores de marca, precisamos ler muito sobre muitos assuntos, nos cercar de pessoas diversas, ter contato com pontos de vista diferentes dos nossos, combater vieses cognitivos que nos contaminam... Tudo isso demanda energia.

E o cérebro não gosta de gastar energia para construir novas sinapses, ou seja, solidificar novos aprendizados.[81] Para nos perpetuarmos como espécie, precisamos economizar energia. Por isso, a nossa tendência é sempre ir pelos velhos e conhecidos caminhos, que levarão aos velhos e conhecidos lugares.

Só que essa, definitivamente, não é uma opção para o gestor de marcas. Ele precisa se atualizar, aprender, ter contato com o novo, consumir conteúdos de fora da sua bolha, desbravar cada novo segmento em que for atuar. O que me leva a constatar que fazer branding é, portanto, contrariar o mecanismo de funcionamento do cérebro.

Só por isso, já seria extremamente exaustivo. Mas gerir marcas não é apenas nadar contra a maré. É fazer isso tendo que assumir absoluto controle de todas as condições de temperatura e pressão, sem jamais deixar a marca fluir ao sabor das marés. É estar frequentemente atento, sob o risco de que, num simples piscar de olhos, as coisas já não se encaixem mais: os posts das redes sociais não refletem a identidade verbal, a nova embalagem não reflete a identidade visual, o patrocínio do evento não ajuda a construir o propósito.

---

81 ESPECIALISTA explica a preguiça no cérebro, e mostra como é possível eliminá-la. **Terra**, 25 out. 2019. Disponível em: https://www.terra.com.br/noticias/dino/especialista-explica-a-preguica-no-cerebro-e-mostra-como-e-possivel-elimina-la,472ce1543f2c8d29e7e2f458555c7a05gs65sveb.html. Acesso em: 23 fev. 2024.

E tem também a **consistência**. A consistência é chata. Ser gestor de marca do Nubank e olhar todos os dias para aquele roxo é chato. Ser gestor de marca da Avon e olhar todos os dias para aquele rosa é chato. Ser gestor de marca da 99 e olhar todos os dias para aquele amarelo é chato, isso eu digo com conhecimento de causa.

Mas é a chata da consistência que nos garante a desejada associação de marca. E sempre que quisermos abrir mão dela, que nos venha à cabeça o exemplo do Itaú. O laranja está presente nas comunicações da marca desde 1980. São mais de quarenta anos fazendo peças publicitárias, fachadas, cartões, sites, aplicativos, cenografias para filmes e figurinos para ensaios fotográficos com base na mesma paleta de cores.

Todas as vezes que o gestor de marca do Itaú ficou enjoado do laranja, ele simplesmente olhou para uma parede branca, "limpou" o olhar e continuou acreditando no poder do laranja. Afinal, existe um motivo para ele ser a cor predominante da paleta da marca. E esse motivo certamente está conectado ao propósito, que é soberano.

Quando assumimos a função de gestores de marca, ganhamos uma grande responsabilidade: a de sermos guardiões do branding. Como todo guardião, nos tornamos superprotetores. E como todo superprotetor, assumimos o papel de chato: *essa não é a nossa tipografia; o nosso logo não pode ser aplicado dessa maneira; esse ensaio fotográfico não traz objetos de cena com a cor da nossa marca.*

A gente sabe que o lançamento da campanha pode atrasar em função de termos reprovado peças que já estavam prontas.

Que os criativos das agências parceiras podem pegar ranço da gente porque declinamos conceitos ótimos, mas que não convergiam com as mensagens da marca. Que as áreas podem evitar de nos convidar para brainstormings de novos projetos porque gongamos ideias mirabolantes cuja execução certamente feriria o guia da marca.

Nessas horas, tudo o que nos resta é dar dois passos para trás e nos lembrar de que a consistência importa. De que ser consistente é o que vai levar a marca a ocupar o espaço desejado na cabeça e no coração dos consumidores. De que a consistência é também uma forma de respeitar a história da marca que alguém trabalhou tanto para construir.

Como se não bastasse, ainda temos que lidar com as famigeradas **questões financeiras**. Sei que já disse isso várias vezes ao longo deste guia, mas é uma verdade tão absoluta que vale repetir mais uma vez: construir marca é caro.

Muitas vezes, nos deparamos com a tentação de cortar um custo aqui e outro acolá, o que é natural, afinal, todos queremos diminuir os gastos e aumentar os lucros. O problema é que passar um facão nos custos geralmente significa passar um facão também na qualidade: seja das embalagens, dos processos, da formulação dos produtos ou da comunicação com o consumidor. E qualidade nunca pode estar em jogo.

Por mais contraditório que possa parecer, em vez de economizar, você deveria considerar investir ainda mais em comunicação, embalagem, arquitetura de loja física, para justificar para o consumidor por que você custa mais caro do que a concorrência. Lembre-se de que força de marca também é dinheiro. Não um dinheiro que está ali, no seu bolso, à disposição para ser gasto, mas um dinheiro que pode fazer toda a diferença no dia em que você cogitar vender a sua empresa.

Construir percepção de qualidade para uma marca é caro. Mas é o que vai possibilitar que ela fidelize mais clientes e venda mais. A Apple é considerada uma empresa inovadora porque investe em inovação a cada lançamento de iPhone. A Natura é considerada uma empresa amiga da natureza porque investe em sustentabilidade a cada linha de produto lançada. E respondendo à pergunta de milhões, seguindo esse raciocínio, sim: Tostines vende mais porque é fresquinho.

Ou seja, primeiro a gente investe no produto para depois ter uma marca forte e, assim, não precisar ficar justificando as nossas escolhas ou disputando centavos com a concorrência. É nessas horas que percebemos que construir marca realmente custa caro, mas também vale a pena.

Por fim, construir e manter uma marca é um **exercício de fé**. Fé no sentido mais puro da palavra mesmo, sem qualquer conotação religiosa. Depois de tanto estudar branding e trabalhar na construção da sua marca, é hora de acreditar. Acreditar que os clientes vão reconhecer o valor do seu produto e aceitar pagar o que você cobra. Acreditar que eles vão se conectar com as mensagens que a sua marca dissemina, com a identidade visual que ela pratica, com as causas que ela apoia. Acreditar, mesmo com medo, que vai dar certo, e justamente por isso não medir esforços para que dê certo.

Nunca se esqueça de que a sua marca é um ativo que vai te acompanhar até o fim da sua vida. Afinal, ninguém cria marca para ela desaparecer ao longo do tempo.

Uma das coisas que mais me entristecem na minha profissão é ver pessoas que perdem o brilho na condução de suas marcas. Que esquecem o sonho avassalador que tinham quando fundaram seu negócio. E que, por isso, acabam negligenciando o branding do dia a dia.

Por mais que se fale em técnica, estratégia e objetivos, para quem empreende, o branding precisa ser, antes de tudo, um ato de amor. Manter uma marca é ir adicionando carinho para que o consumidor se sinta cuidado lá na ponta. Qualquer coisa à qual a gente adiciona carinho cresce. E cresce de uma maneira tão surpreendente que esse carinho acaba retornando pra gente.

Quando criei o BDP Imersão, meu objetivo central era educar as pessoas em branding para construir marcas mais humanas e responsáveis (trazendo mais aliados ao meu propósito central de mover a sociedade pra frente). O que eu não esperava era que isso ia me trazer uma satisfação secundária e que meu prazer verdadeiro seria ouvir meus alunos dizendo que reacenderam a paixão pelo que faziam após as minhas aulas ou palestras, que resolveram empreender, que se lançaram no mundo da consultoria ou que fizeram uma transição de carreira por entenderem que branding era, na verdade, sua grande paixão. Nada, absolutamente nada na minha vida profissional, é mais importante do que isso.

E é exatamente isto que eu desejo que você encontre na condução do seu negócio: um sentido para seguir em frente, cuidando bem do que você criou, na certeza de que, mais do que vender produtos ou serviços, o seu negócio nasceu para deixar uma marca no mundo.

**Com carinho e vendo branding em tudo (sempre!),
Galileu Nogueira**

P.S.: E se você quer continuar a sua jornada de aprendizado sobre branding, te convido a estar ainda mais pertinho de mim, me seguindo no Instagram (**@galileunogueira**), sendo meu aluno nos cursos BDP (**galileunogueira.com/bdp**) ou se tornando um grande cidadão da Galileia ao me ouvir no meu podcast *Branding em Tudo*, disponível toda semana na sua plataforma de áudio preferida.

AMPLIE SEU CONHECIMENTO

Para continuar aprendendo sobre o tema, você pode escutar os seguintes episódios do meu podcast *Branding em Tudo*, disponível nas principais plataformas de áudio:

Episódio #097: A exaustão da construção de marca.

LEIA TAMBÉM:

MARCELO TAS

HACKEANDO SUA CARREIRA

COMO SER RELEVANTE NUM MUNDO EM CONSTANTE TRANSFORMAÇÃO

Planeta ESTRATÉGIA

AMPLIADO E ATUALIZADO

Trabalhe 4 Horas por Semana

Fenômeno internacional e 1º lugar na lista de livros mais vendidos do The New York Times

FUJA DA ROTINA, VIVA ONDE QUISER E FIQUE RICO

TIMOTHY FERRISS

Planeta ESTRATÉGIA

Best-seller com mais de 53 mil exemplares vendidos no Brasil

EMOÇÃO SOB MEDIDA

O que aprendi sobre o poder
da criatividade em quase
30 anos de trabalho na NIKE

GREG HOFFMAN

Planeta ESTRATÉGIA

PAULA HARRACA

O PODER TRANSFORMADOR DO

ESG

COMO ALINHAR LUCRO E PROPÓSITO

PREFÁCIO DE
BERNARDINHO

Planeta ESTRATÉGIA

**Acreditamos
nos livros**

Este livro foi composto em Antwerp e Nitti Grotesk e impresso pela Lis Gráfica para a Editora Planeta do Brasil em julho de 2024.